書名：新相人學講義
系列：心一堂術數珍本古籍叢刊　相術類
作者：〔民國〕楊叔和

主編、責任編輯：陳劍聰
心一堂術數珍本古籍叢刊編校小組：陳劍聰　素聞　梁松盛　鄒偉才　虛白盧主

出版：心一堂有限公司
地址／門市：香港九龍尖沙咀東麼地道六十三號好時中心LG 六十一室
電話號碼：+852-6715-0840
網址：www.sunyata.cc
電郵：sunyatabook@gmail.com
網上書店：http://book.sunyata.cc
網上論壇：http://bbs.sunyata.cc/

版次：二零一三年十月初版
平裝

定價：港幣　一百零八元正
人民幣　一百零八元正
新台幣　三百九十八元正

國際書號：ISBN 978-988-8266-13-5

香港及海外發行：香港聯合書刊物流有限公司
地址：香港新界大埔汀麗路三十六號中華商務印刷大廈三樓
電話號碼：+852-2150-2100
傳真號碼：+852-2407-3062
電郵：info@suplogistics.com.hk

台灣發行：秀威資訊科技股份有限公司
地址：台灣台北市內湖區瑞光路七十六巷六十五號一樓
電話號碼：+886-2-2796-3638
傳真號碼：+886-2-2796-1377
網路書店：www.govbooks.com.tw
www.bodbooks.com.tw
經銷：易可數位行銷股份有限公司
地址：台灣新北市新店區寶橋路二三五巷六弄三號五樓
電話號碼：+886-2-8911-0825
傳真號碼：+886-2-8911-0801
email：book-info@ecorebooks.com
易可部落格：http://ecorebooks.pixnet.net/blog

中國大陸發行・零售：心一堂書店
深圳地址：中國深圳羅湖立新路六號東門博雅負一層零零八號
電話號碼：+86-755-8222-4934
北京地址：中國北京東城區雍和宮大街四十號
心一店淘寶網：http://sunyatacc.taobao.com

心一堂術數古籍珍本叢刊 總序

術數定義

術數，大概可謂以「推算、推演人（個人、群體、國家等）、事、物、自然現象、時間、空間方位等規律及氣數，並或通過種種『方術』，從而達致趨吉避凶或某種特定目的」之知識體系和方法。

術數類別

我國術數的內容類別，歷代不盡相同，例如《漢書・藝文志》中載，漢代術數有六類：天文、曆譜、無行、蓍龜、雜占、形法。至清代《四庫全書》，術數類則有：數學、占候、相宅相墓、占卜、命書、相書、陰陽五行、雜技術等，其他如《後漢書・方術部》、《藝文類聚・方術部》、《太平御覽・方術部》等，對於術數的分類，皆有差異。古代多把天文、曆譜、及部份數學均歸入術數類，而民間流行亦視傳統醫學作為術數的一環；此外，有些術數與宗教中的方術亦往往難以分開。現代學界則常將各種術數歸納為五大類別：命、卜、相、醫、山，通稱「五術」。

本叢刊在《四庫全書》的分類基礎上，將術數分為九大類別：占筮、星命、相術、堪輿、選擇、三式、讖緯、理數（陰陽五行）、雜術。而未收天文、曆譜、算術、宗教方術、醫學。

術數思想與發展——從術到學，乃至合道

我國術數是由上古的占星、卜蓍、形法等術發展下來的。其中卜蓍之術，是歷經夏商周三代而通過「龜卜、蓍筮」得出卜（卦）辭的一種預測（吉凶成敗）術，之後歸納並結集成書，此即現傳之《易經》。經過春秋戰國至秦漢之際，受到當時諸子百家的影響、儒家的推崇，遂有《易傳》等的出現，原本是卜蓍術書的《易經》，被提升及解讀成有包涵「天地之道（理）」之學。因此，《易・繫辭傳》曰：「易與天地準，故能彌綸天地之道。」

漢代以後，易學中的陰陽學說，與五行、九宮、干支、氣運、災變、律曆、卦氣、讖緯、天人感應說等相結

合，形成易學中象數系統。而其他原與《易經》本來沒有關係的術數，如占星、形法、選擇，亦漸漸以易理（象數學說）為依歸。《四庫全書・易類小序》云：「術數之興，多在秦漢以後。要其旨，不出乎陰陽五行，生尅制化。實皆《易》之支派，傅以雜說耳。」至此，術數可謂已由「術」發展成「學」。

及至宋代，術數理論與理學中的河圖洛書、太極圖、邵雍先天之學及皇極經世等學說給合，通過術數以演繹理學中「天地中有一太極，萬物中各有一太極」（《朱子語類》）的思想。術數理論不單已發展至十分成熟，而且也從其學理中衍生一些新的方法或理論，如《梅花易數》、《河洛理數》等。

在傳統上，術數功能往往不止於僅僅作為趨吉避凶的方術，及「能彌綸天地之道」的學問，亦有其「修心養性」的功能，「與道合一」（修道）的內涵。《素問・上古天真論》：「上古之人，其知道者，法於陰陽，和於術數。」數之意義，不單是外在的算數、歷數、氣數，而是與理學中同等的「道」、「理」──心性的功能，北宋理氣家邵雍對此多有發揮：「聖人之心，是亦數也」、「萬化萬事生乎心」、「心為太極」。《觀物外篇》：「先天之學，心法也。……蓋天地萬物之理，盡在其中矣，心一而不分，則能應萬物。」反過來說，宋代的術數理論，受到當時理學、佛道及宋易影響，認為心性本質上是等同天地之太極。天地萬物氣數規律，能通過內觀自心而有所感知，即是內心也已具備有術數的推演及預測、感知能力；相傳是邵雍所創之《梅花易數》，便是在這樣的背景下誕生。

《易・文言傳》已有「積善之家，必有餘慶；積不善之家，必有餘殃」之說，至漢代流行的災變說及讖緯說，我國數千年來都認為天災，異常天象（自然現象），皆與一國或一地的施政者失德有關；下至家族、個人之盛衰，也都與一族一人之德行修養有關。因此，我國術數中除了吉凶盛衰理數之外，人心的德行修養，也是趨吉避凶的一個關鍵因素。

術數與宗教、修道

在這種思想之下，我國術數不單只是附屬於巫術或宗教行為的方術，又往往已是一種宗教的修煉手段──通過術數，以知陰陽，乃至合陰陽（道）。「其知道者，法於陰陽，和於術數。」例如，「奇門遁甲」術中，即分為「術奇門」與「法奇門」兩大類。「法奇門」中有大量道教中符籙、手印、存想、內煉的內容，是道教內丹外法的一種重要外法修煉體系。甚至在雷法一系的修煉上，亦大量應用了術數內容。此外，相術、堪輿術中也有修煉望氣色的方法；堪輿家除了選擇陰陽宅之吉凶外，也有道教中選擇適合修道環境（法、財、侶、地中的地）的方法，以至通過堪輿術觀察天地山川陰陽之氣，亦成為領悟陰陽金丹大道的一途。

易學體系以外的術數與的少數民族的術數

我國術數中，也有不用或不全用易理作為其理論依據的，如楊雄的《太玄》、司馬光的《潛虛》。也有一些占卜法、雜術不屬於《易經》系統，不過對後世影響較少而已。

外來宗教及少數民族中也有不少雖受漢文化影響（如陰陽、五行、二十八宿等學說）但仍自成系統的術數，如古代的西夏、突厥、吐魯番等占卜及星占術，藏族中有多種藏傳佛教占卜術、苯教占卜術、擇吉術、推命術、相術等；北方少數民族有薩滿教占卜術；不少少數民族如水族、白族、布朗族、佤族、彝族、苗族等，皆有占雞（卦）草卜、雞蛋卜等術，納西族的占星術、占卜術，彝族畢摩的推命術、占卜術…等等，都是屬於《易經》體系以外的術數。相對上，外國傳入的術數以及其理論，對我國術數影響更大。

曆法、推步術與外來術數的影響

我國的術數與曆法的關係非常緊密。早期的術數中，很多是利用星宿或星宿組合的位置（如某星在某州或某宮某度）付予某種吉凶意義，并據之以推演，例如歲星（木星）、月將（某月太陽所躔之宮次）等。不過，由於不同的古代曆法推步的誤差及歲差的問題，若干年後，其術數所用之星辰的位置，已與真實星辰的位置不一樣了；此如歲星（木星），早期的曆法及術數以十二年為一周期（以應地支），與木星真實周期十一點八六年，每幾十年便錯一宮。後來術家又設一「太歲」的假想星體來解決，是歲星運行的相反，週期亦剛好是十二年。而術數中的神煞，很多即是根據太歲的位置而定。又如六壬術中的「月將」，原是立春節氣後太陽躔娵訾之次而稱作「登明亥將」，至宋代，因歲差的關係，要到雨水節氣後太陽才躔娵訾之次，當時沈括提出了修正，但明清時六壬術中「月將」仍然沿用宋代沈括修正的起法沒有再修正。

由於以真實星象周期的推步術是非常繁複，而且古代星象推步術本身亦有不少誤差，大多數術數除依曆書保留了太陽（節氣）、太陰（月相）的簡單宮次計算外，漸漸形成根據干支、日月等的各自起例，以起出其他具有不同含義的眾多假想星象及神煞系統。唐宋以後，我國絕大部份術數都主要沿用這一系統，也出現了不少完全脫離真實星象的術數，如《子平術》、《紫微斗數》、《鐵版神數》等。後來就連一些利用真實星辰位置的術數，如《七政四餘術》及 選擇法中的《天星選擇》，也已與假想星象及神煞混合而使用了。

隨着古代外國曆（推步）、術數的傳入，如唐代傳入的印度曆法及術數，元代傳入的回回曆等，其中我國占星術便吸收了印度占星術中羅睺星、計都星等而形成四餘星，又通過阿拉伯占星術而吸收了其中來自希臘、巴比倫占星術的黃道十二宮、四元素學說（地、水、火、風），並與我國傳統的二十八宿、五行說、神煞系統並存而形成《七政四餘術》。此外，一些術數中的北斗星名，不用我國傳統的星名：天樞、天璿、天璣、天權、玉衡、開陽、搖光，而是使用來自印度梵文所譯的：貪狼、巨門、祿存、文曲，廉貞、武曲、破軍等，此明顯是受到唐代從印度傳入的曆法及占星術所影響。如星命術的《紫微斗數》及堪輿術的《撼龍經》等文獻中，其星皆用印度譯名。及至清初《時憲曆》，置潤之法則改用西法「定氣」。清代以後的術數，又作過不少的調整。

術數在古代社會及外國的影響

術數在古代社會中一直扮演着一個非常重要的角色，影響層面不單只是某一階層、某一職業、某一年齡的人，而是上自帝王，下至普通百姓，從出生到死亡，不論是生活上的小事如洗髮、出行等，大事如建房、入伙、出兵等，從個人、家族以至國家，從天文、氣象、地理到人事、軍事，從民俗、學術到宗教，都離不開術數的應用。如古代政府的中欽天監（司天監），除了負責天文、曆法、輿地之外，亦精通其他如星占、選擇、堪輿等術數，除在皇室人員及朝庭中應用外，也定期頒行日書、修定術數，使民間對於天文、日曆用事吉凶及使用其他術數時，有所依從。

在古代，我國的漢族術數，甚至影響遍及西夏、突厥、吐蕃、阿拉伯、印度、東南亞諸國、朝鮮、日本、越南等地，其中朝鮮、日本、越南等國，一至到了民國時期，仍然沿用着我國的多種術數。

術數研究

術數在我國古代社會雖然影響深遠，「是傳統中國理念中的一門科學，從傳統的陰陽、五行、九宮、八卦、河圖、洛書等觀念作大自然的研究。……傳統中國的天文學、數學、煉丹術等，要到上世紀中葉始受世界學者肯定。可是，術數還未受到應得的注意。術數在傳統中國科技史、思想史，文化史、社會史，甚至軍事史都有一定的影響。……更進一步了解術數，我們將更能了解中國歷史的全貌。」（何丙郁《術數、天文與醫學 中國科技史的新視野》，香港城市大學中國文化中心。）

可是術數至今一直不受正統學界所重視，加上術家藏秘自珍，又揚言天機不可洩漏，「（術數）乃吾國科學與哲學融貫而成一種學說，數千年來傳衍嬗變，或隱或現，全賴一二有心人為之繼續維繫，賴以不絕，其中確有學術上研究之價值，非徒癡人說夢，荒誕不經之謂也。其所以至今不能在科學中成立一種地位者，實有數困。蓋古代士大夫階級目醫卜星相為九流之學，多恥道之；而發明諸大師又故為惝恍迷離之辭，以待後人探索；間有一二賢者有所發明，亦秘莫如深，既恐洩天地之秘，複恐譏為旁門左道，始終不肯公開研究，成立一有系統說明之書籍，貽之後世。故居今日而欲研究此種學術，實一極困難之事。」（民國徐樂吾《子平真詮評註》，方重審序）

現存的術數古籍，除極少數是唐、宋、元的版本外，絕大多數是明、清兩代的版本。其內容也主要是明、清兩代流行的術數，唐宋以前的術數及其書籍，大部份均已失傳，只能從史料記載、出土文獻、敦煌遺書中稍窺一鱗半爪。

術數版本

坊間術數古籍版本，大多是晚清書坊之翻刻本及民國書賈之重排本，其中豕亥魚魯，或而任意增刪，往往文意全非，以至不能卒讀。現今不論是術數愛好者，還是民俗、史學、社會、文化、版本等學術研究者，要想得一常見術數書籍的善本、原版，已經非常困難，更遑論稿本、鈔本、孤本。在文獻不足及缺乏善本的情況下，要想對術數的源流、理法、及其影響，作全面深入的研究，幾不可能。

有見及此，本叢刊編校小組經多年努力及多方協助，在中國、韓國、日本等地區搜羅了一九四九年以前漢文為主的術數類善本、珍本、鈔本、孤本、稿本、批校本等千餘種，精選出其中最佳版本，以最新數碼技術清理、修復版面，更正明顯的錯訛，部份善本更以原色精印，務求更勝原本，以饗讀者。不過，限於編校小組的水平，版本選擇及考證、文字修正、提要內容等方面，恐有疏漏及舛誤之處，懇請方家不吝指正。

心一堂術數古籍珍本叢刊編校小組

二零零九年七月

敬告讀者

新相人學講義，究竟對社會、對人類，有什麼貢獻？看了的人又有什麼收穫？我不願自己誇張，留待別人來批評。空泛而沒有內容的東西，即使大吹大擂，也不會得到人家的喝采。

為了徵求全國各地對於相學興趣的同志，將來有相互切磋的機會，（辦法再訂）本人願意做一個橋樑。此講義為非賣品，也不交任何書局公開代售，凡是有研究相學興趣的同志，才是我最希望的讀者。本書雖不定價，但須一次收取通訊函授費六萬元，即得此書一冊進入有永久通訊研討的權利。惟請注意下列各點：

本冊號碼

No.

（一）來函要簡單扼要，以課之範圍以內者爲限。

（二）關於讀者本人之相有疑義者亦可詢問，但以本人爲限。

（三）每冊在本頁內，印有號碼，每次通訊時，務請注明，以便查考。

（四）附足回信郵資。

（五）通訊處爲南京黨公巷二十二號，以通信研討爲限，概不面談。

三六、八、廿、楊叔和自訂。

新相人學講義

序言

相人學對於「生活」「處世」「識人」等方面，實在是有益的一件事。所以在社會上稍微有些名望或處世上有些經驗的人，多數是懂得一點「相」法的。實實在在每個人都知道一些相理，這種知道確是無形中得來的，有時亦在無形中表白，譬如說某人很厲害，某人有福氣，某人吃苦相。固然「以貌取人失之子羽」普通人得的，只是表面，如果一個貌慈心險的人，就會看錯。

看相書，固然可以知道相理，但有時越看越糊塗，因爲千頭萬緒，不容易完全記得，「差之毫釐謬以千里」。同時知識高的人，不願意降低身份去求敎相士，沒有知識的人，也僅僅得一些口訣，所以不能使人信仰，得到相的奧邃和眞理。

任何一種學說，都要隨着時代而改變其原質的，中醫國藥的不進步，因爲是墨守陳規，趕不上科學化的西醫和西藥，可是我們不能否認中醫有許多特長之點，國藥有許多對症的好藥，因爲沒有經過科學化，以致被許多病人遺棄掉了，相理也是如此，時代已變遷了，人類的希望和責任，也有不同之點，麻衣柳莊生在今日，不見得看得完全準確。此一時彼一時，這應該首先認識清楚。

我爲什麼要編這「新相人學」講義呢？

我有三種目的：

第一：相學雖然列在迷信之內，可是直到今天，還是有若干人恃此爲生，同時也有很多人去「談」相，問吉問凶談富談貴。可是對於學理上，很少有人去研究。如果眞是迷信，毫無道理，我們可以絕口不談。要是在人生過程上，不無小小的補助，或是在學理上也可以找出一點根據來，那就不妨去研討發明，進一步科學化起來，使人人明瞭別人，明瞭自已，明瞭別人的弱點，可以貢獻他改正，明瞭自已的短處，不妨藏其所短，而發展所長。譬如你大腦寬闊思想週密可以去做發明家或文學家。譬如你威[illegible]俱足，你可以從軍殺敵，統率部屬。譬如你相貌平穩，你可以安分守已，逐漸進步，不要挺而走險，自詒伊戚，有許多反對相學的人，說是消極無用，阻碍前途發展，那是不對的，眞正明白「相」理的人，是以不變應萬變，從黑暗中求取光明，從枷鎖中爭取自由，脚踏實地，履險如夷，明白了「相」可以幫助我們事業進展，可以使我們無怨無尤，可以使我們生活安定，心地坦白。聖人說：「知命者不立於巖牆之下」

。又說「不知命無以爲君子也」。他所指的命，是身心性命之道，可是眞澈底懂得命相的，就能「立身」「安命」「明心」「見性」雖小道必有可觀者焉，倒的確不錯。有一班人也指摘宗教爲迷信，爲消極，可是眞正信仰宗教的人，才肯努力，才肯犧牲，才肯服務，命相也是如此，我想闡明此義，這算第一目的。

第二：命學雖很有根據，究不及相來得明朗化，並且命是以金、木、水、火、土、五行，配以生，旺，休囚，之理，斷定順逆，「用神」拿不準，就算不靈驗。一個人是一個人看法，沒有「相」來得準確，來得可以公開研討，並且宇宙最玄妙的事，也就人人認爲最平常的事，人的一個面孔，長闊均不逾一尺，耳、目、口、鼻、位置井然，可是沒有一個完全同樣的，「陽貨貌似孔子」也僅僅是貌似而已，孿生子雖是一樣相貌，而聲，音、笑、貌、也有些不同之點，究竟是什麼道理呢？沒有一個人說得出來，社會上有許多好奇愛異的人，可是這最奇異而最難說明的，便是人的相貌的差別。研究人面學的人，或者對於解答人生之謎，能夠接近些，這也是我的目的之一。

第三：社會上的人心太難猜臆了，在平時，在戰時在勝利後，依然改不掉自私自利、奸巧、機詐、誘騙、圓滑的種種劣性。好人太少，壞人太多，所以社會上許多事情，都在矛盾中進行着，明明是一件很有效很利民的政令，等到施行起來，便流弊百出，照相理衡眞一部書上講並不奇怪，因爲人有佛性，有獸性，貪利忘義，奸詐百出的人便是獸性發作，慾念太重，可是歸根結底，還是自尋苦吃。我們平時留意一個忠實厚重處處肯吃虧的人，福祿是不會欠缺的，反之，一個目前好像很有辦法，而實際上嫉妒，欺人、尖刻、輕浮的人，結果必然貧困而死。但是世界上人知道相理，懍然於中，厚以載福，忠誠爲世，互助利人，博愛慈悲，大家拿出力量，貢獻國家、服務社會，不難造成春風化雨的環境，天下爲公的世界。我編這新相人學，就是要大家注意及此爲自己打算，不要損人反以損己，欺人反倒自欺了！

我自己對於此道，也不敢說十分的把握，豐富的經驗，可是我樣華新相法的學理，在中國還是初見。十室之內必有忠信，比我見解高明的人，當然很多。希望我這是「拋磚」之舉，而把美玉引了出來。

是爲序

中華民國三十六年八月於首都

第一講　相法前導

組成功了這個社會的，便是日常所接觸所談話所看見的那些人；我們不能離開社會，當然也就不能離開人，「處世對人」便成了一個名詞。可見最複雜最難測驗的，便是人了。「人心不同各如其面。」要知道每一個人的心理，一個人的意向，再進一步要明瞭這個人是否忠誠？是否奸佞？是否坦白？是否陰險？是不是可以「同甘共苦？」是不是可以「推心置腹？」像孔明知道魏延腦後有反骨，便以錦囊妙計，叫馬岱去斬他，不然禍患便會擴大。孔明足智多謀，當然精通相法。「一事不知，儒者之恥。」我們生活在複雜而苦難的社會裏，所遭遇的人。不一定是純良的。遇到「人心叵測」的人可以預爲防範，不致墜入他的羅網，貽無窮的懊悔。

人不是爲了一個人的生活而生存，他有對於保衛國家，盡忠民族的責任。如其在戰時，每個人都有探聽敵情，以及反間諜的任務，假設我們面對着一個敵奸，我們要從他奸毒的相貌上來搜索他的行動，雖然那不是一件容易的工作，可是我們學會了精深的相法，當然會有用處的。

說到自己身上命運的順逆，是有着一定的。「順水行舟」當然是一件愉快的事。在「屋漏更遭連夜雨，破船又遇頂頭風」的環境下，心情是怎樣的難堪，一種「懊惱」「失望」「消極」「悲傷」的情緒，會充滿在你的心上，如果你對於相法明白，知道你正行走在一條坎坷不平的道路上，你就不會「怨天尤人」，你就不會「懊惱」「失望」「消極」「悲傷」了。

「貴」「賤」「貧」「富」「壽」「夭」「窮」「通」這八個字可以包括人生一生的欲望和前途。可是宇宙太玄妙了。芸芸的衆生，不但很少瞭解現在和未來的事，就是最近的「明天」，也不會知道。莊子說：「夢哭泣者，日得飲酒；夢飲酒者，日得哭泣」。這就是好的舉例？你能知道明天的遭遇，是「喜悅」或是「懊喪」呢？當然不能，不單你不能，世界上也真找不出一個能預知的仙人，可是「明天」的事，雖不能知道　而人生的縮影，從相法上，却多少可以得到一些微妙的證明。可不要忽略了相法，它在科學上和哲學上，都具有着相當的價值的，這不是「迷信」，這是一種很有意義的學問。

我們知道那些成功的人，他的成功一切條件，是具備的；可是他的相貌也多少有可取之處，換言之，相貌也可能的幫助他的事業成功，一個寒酸相貌的人，任他「才高八斗學富五車」，也難名成一時。許許多多有才識，有抱負，肯奮鬥，肯吃苦的人，未必就能得到理想的目的。每一個時代總要埋沒掉若干英雄才子，這其中當然另有其他道理，可是沒有奇特相貌的人，就難能爲奇特的事業「非常之事，必待非常之人」倒是千古不磨之論。

成功的人，首決條件，是在能幹，肯幹，苦幹，硬幹的履踐。也不能僅憑相貌，因爲相貌是「變」的。「相隨心轉」，假使有一個人因爲自已的相貌，可以富貴，乃不務正業，終日遊蕩，譬如一艘船，認爲終有一天可以到達風平浪靜的大海中，不料會在一個淺灘的地方，使他失慎沉沒。所以我發明了「造相」的方法，一個尖薄刁惡的人，一旦改換性格，變成忠厚誠實，而面容尖削的部位，因爲心理上的轉變，也自然而然的豐滿了，應該夭壽的而延年了。應該窮苦的而亨通了。這並不是奇蹟，而是心理上生理上必然的道理，譬如一個每日運動注重體育的人，身體會逐漸強健，反之一個懶惰不動的人，體格自日趨於瘦弱。

人都懷着一顆希望向上的心，希聖希賢都不是困難的事，舜何人也？予何人也？「有爲者亦若斯」。何況征服環境，爲善最樂呢!?

你當然願意做一個完整的人，同時也極願意使你相貌完整，因爲相貌完整，是一個完整人格的前驅。完整並不是漂亮，不是美麗，而是你心地純厚，互助、博愛、表現出敦厚多福的象徵。可是如果心存奸詐，貌作忠誠，那是無用的。懂得相理的人，一眼便能看出你胸懷陰險。「胸中正則眸子瞭焉，胸中不正則眸子眊焉，聽其言也，觀其眸子，人焉廋哉」。孟子不是論相專家，也能知道胸中正與不正，可從眼睛中，看得出來。天下萬事均可作偽，「相」是一點作不得假。三尖六削的相一定孤苦而死，圓滿厚重的人，一定多福多壽。

一個人的相貌，是先天的，大富大貴，成功光榮，好像是註定了的，可是你得明白改造面相的可能性，旋乾轉坤，全看你自已有沒有勇氣振拔？有沒有自強自信的決心？

我們應該知道相法！

根據上面的理由，每一個人都應當了解自己所自自己。

每一個人懂得相，懂得心好相才能好，懂得相好才能有好的運氣，有好的遭遇。換言之，切實知道心境相也隨着變壞，相壞他的環境，也就惡劣，他的生活，也就艱苦。

多病的人，身體絕對是不健康的，因爲有某一部份發生了阻礙，或是損傷。反之：鍛練體格，愛好運動的人，筋骨必然堅實、肌肉也會豐滿，拿這種類似的理由，是來使自己的相貌健康，也是很重要的一件事。

健康，不是美麗，不是漂亮，只要紅黃滿面，或是沒有晦暗氣色，就算好。在這裏，我再告訴你相貌的可貴之點：

清——第一種是清。清秀的相，是聰明異常，可是主貴而不主富的；因爲清氣昇華，別於穢濁。俗語有一句話，叫做「濁富清貧」，實在的，凡佔有清字而沒有「輕」的成份的，定貴無疑。只要你能辨別得清楚，至於貧字是說這種相貌的人，不計錙銖，視金錢爲身外之物，沒有積儲的心理，沒有聚歛的手段，任俠好義，揮霍成性，當然不能富足了。

奇——第二種是奇。惟有奇特的相貌，才有奇特的遭遇，非常之事，必待非常之人。我們日常看到許多要人的相貌，並不俊秀，而又看不出一些值得重視或能以超人一切的地方；可是因爲他有這個「奇」字之故。

古——第三種是古。蒼然古氣，道貌岸然，或者是鶴髮飄灑，或者是樸實古道，值得可貴。

怪——有些人的相貌，確實是怪得令人有些不相信的，可是就因爲他生得可怪，而可能富貴榮華，享受一切。

除了清、奇、古、怪、以外；還要具備着精神，氣魄，威嚴，種種優良的特質。能明白五官（眼耳鼻口眉）是次要的部位，好的五官，未必就能有好的幸運，平常五官，倒反能轟轟烈烈成爲名人，我們時常見到很多的操低微職業的人，耳、目、口、鼻、位置很好，也非常清秀，沒有什麼貧賤之處？就是因爲精、氣、神、不夠，威魄不足，犯了一個「輕」字的毛病，以致不能通達，不能貴顯。

所以履踐相貌的健康法，要力守下列規則：

一、心地要愉快。

二、心理要光明坦白。

三、要熱忱助人。

四、要早起早睡。

五、勿染不良嗜好。

六、少吃煙酒。

七、常使面部和頭髮整潔。

八、養成蓬勃精神。

明瞭了以上一課，應該對於相法，會充分認識，除了可以參考其他相書以外，更應該多多實地的經驗，去觀察各個「不同職業」「不同生活」的人，從他們或她們的相貌上，行動上，言語上，來判斷前途環境和遭遇。

第二講　三大要素和四種譬喻

明白了每一個人都有一種固定的相，在這固定的相上，看出了每個人的事業和前途，窮通和壽夭；稍微有了觀人的經驗，倒不是一件困難的事。可是在全部面相的前面，有更重要的一點，就是要先確定，以下三大要素。

那三大要素呢？

一　精神

普通一句話，叫做大無畏精神，又說精神勝於物質，又說日月星爲光明三寶，精氣神爲人生三寶，精神不是附麗於肉體，而是一種靈性的表露；可以有支配肉體的力量。又說精神如燈中之油，油盡則燈滅，精神衰盡，則壽命不長。所以兩月炯炯有神，精力充沛的人，他有着偉大的前途，他有着前進不懈的能力，可以完成艱苦的任務，非常的使命。祇是五官好的人而沒有充沛的精神，等於一個泥塑的神像，木刻的菩薩，無論你怎樣眉分八彩，雙目重瞳，也只是曇花一現，結果無成，從身體方面談，胖瘦都須要好精神。胖子沒有精神，近於癡呆一類，一點智慧都沒有，除了自私自利以外，做不出什麼福國利民的事情出來。瘦子格外要有精神，瘦子無神必夭亡，窮困終身，毫無希望，所以有一句話叫「瘦有精神終必「發」因爲瘦子無精神便近於「衰」。有衰相的人，怎麼會得到人類的溫暖，羣衆的潤澤呢？在舊相書方面說：精神是天生的，可是據我的經驗就完全不同，精神雖是無形，可是從後天方面，却是可以培植發揚起來，精神愈用則愈出，永遠是不會因爲用而減少；只要你堅定信念，認淸目標，不要惰廢消沉，不怕挫折，不怕困難，自然振奮的精神，會保持成長的，在以前精神總動員綱領中，有「奮發蓬勃的朝氣」必須養成。這奮發蓬勃的朝氣，便是精神的表現，沒有朝氣，便是死氣沉沉，好像一盞昏暗的燈，沒有光明；在行動方面，在眼睛裏面，在言語上，都可斷驗出精神的盛衰。假是你覺得你自巳的精神不够，應該趕快補救這個缺陷。第一先征服你的心境，因爲有許多人，爲了金錢、事業、愛情、或者和人事上交涉的事情，一不順當，精神便萎靡不振，大概因爲沒有錢而精神不好的人，佔大數多。所以有兩句話說：「財隨精神漲，倒霉磕睡多。」證明不如意的人，精神就不振了。反過來講，越是在艱苦萬端的時候，越要打擻精神，努力奮鬥，自會渡過難關，踏上坦途。研習相學的人，首先就要明白這一層。

二　氣魄

精氣神三樣，本來是並重的，尤其是「氣」在人生順逆上面，佔着重要的位置。普通都說什麼「善觀氣色」就因爲氣是氣，色是色，氣在皮裏，而充溢發佈於外，有氣的生，無氣的死。氣盛的興旺，氣衰的失敗，魄就是魄力，就是氣的行動。我們要測驗一個人的前途。貴賤貧富，是不是有大的貢獻於國家？是不是能在社會建樹事業？就要看他氣魄之大小偉弱而論斷。五官上好的人，沒有偉大的氣概，雄厚的魄力，是不能有太成就的。時常我們看到那些偉大人物，不要只瞧他面部平凡，而在他言行方面，處處都暴露雄偉的氣魄，而非尋常人所可以望其項背。氣魄是一種堅剛沉着雄偉的表現，不是平常所謂「架子」「派頭」。是出於自然的行動。有一種自命謂神秘術士，能看人頭上氣有多高，來測驗人的壽夭窮通，而不需要觀五官，大概即取此意以融化變通。實在在舊的相書上面，也有這種說法，說山根高聳，即謂山根有氣。山根斷陷，山根即是無氣。眉如新月，首尾清朗有彩，即是雙眉有氣，眉頭連接，黃淡蹤亂，即是無氣。無氣亦即無魄，研究相人學者，須要於此加以注意。

三 骨格

原來相士有兩句話：「不以衣冠分貴賤，全憑骨格論英雄。」本來在衣冠方面是會認錯了人的，有時候頗有地位的人，穿着兵士或窮人服裝，去試驗相士知不知道是怎樣的一個人？就要從他當前的流年部位，臨時氣色，和他的骨格如何來判斷他的現狀，相書上有兩句話說是「氣色定行年的好壞，骨格可以判斷一世的榮枯」，所以專門有一種摸骨相，也是根據此意。總而言之，「頭無惡骨面無善痣」。頭上有骨，都是不壞。臉上黑痣，總不大好。但亦不可一概而論，拘泥不化。要全在全部格局和經驗上推斷。現在談到骨格，就是說一個人面部和身體。最要骨肉平均，譬劑得宜，骨多於肉者奔波勞碌。肉多於骨者，青雲無路。骨畧多於肉者貴。肉略多於骨者富。如有其人骨肉相稱，定然可有一番事業建樹，名成利就，決無問題。再進一步講，最要圓潤，格局要位置得宜，顴骨高要配合鼻子。顴骨之柄要插頭骨，要圓秀，相書上有專門談骨格的一章，不過太繁瑣了；初學的人，並不清楚，我以為骨格不必去摸，能注意人的行動和五官，也就足夠你明白；我們平常說一個女子妖媚輕飄的時候，認為他是賤骨頭嗎？一個道貌儼然忠正不阿的人，就知道他骨格高超！舉一反三，全仗自己留心，便能一望而知。

現在，再說那四種譬喻，明白了這幾種譬喻以後，可以說盡知相學之精髓，也了然於人生之理，得失順逆，認識現實，而不怨天尤人，並且會自動來征服環境，彌補缺陷，改造現實，心理健康。這是新相人學最重要的一點：

一　以道路為譬喻

不論相和手相，總以平滿為佳，有缺陷的，便是破敗。這是一定不移之理。所以，我們在明白那年行那一部位時，便詳細看看那部是否豐隆？是否平滿？或是有缺陷低陷，便斷定某年成功或失敗，為什麼平滿為好，缺陷為壞呢？這裏我應該舉出一個簡單而顯明的例子：道路是行人和車輛所要行走的，坦平的馬路，好東駕車部駛得很平穩。人們走在這路上也感覺到異常的舒適和心地的愉快。譬如一輛新車，等於是很好的部位，駛行在這樣堅滑的柏油路上，是會令坐車人更會覺得安適的。假設是一輛舊車，而機件有不靈的時候；等於你大運未遂，部位很好，環境雖然遭受着挫折，而不會出什麼毛病的。如果部位上有着缺陷和應該破敗的地方，好像在坦平的道路上，發現一個陷阱，不用你留意不留意，一不小心，便會跌落下去。如果你眉眼很好，這是證明三十一歲到四十歲，都是很順適的運氣和最好的機會，但是鼻子山根上有斷紋或低陷，便說明在四十一便是一個陷阱，同車輛一樣，走到這個地方，小則震動幽蹶，大則傾車肇禍，照這樣一一推斷，自不難判斷吉凶，論決成敗。（至於某年行某運走什麼部位、另章詳細說明以便參考）還有人面各規定部位，以及「三停」「六府」「八卦」「九洲」「五嶽」「四瀆」（詳細另章說明）也都要寬闊明潤，譬如我們走在燈光輝燦人煙稠密的大路上，自會精神抖擻，血脈緊張。反之，走在偏街狹巷昏暗不平的地方，往往會碰到街心的礙石，路旁的荊棘，心理上也就有不愉快的存在。明白這層譬喻，萬一部位有過於低窪、或特殊高突的地方、也好像是險峻的高山懸嶺，深危的潭水陷阱一樣，到了這個時候，必須十分慎重，無驕無縱，安分守己，艱苦自持，自可履險如意，不遭遇什麼危難了。

二　以舟船爲譬喻

誰也知道在風平浪靜水波不興的時候，任何大船小船，總很平穩的水上行走，駕駛把舵的人，一點也不用担心，決不會能出什麼毛病，就是船隻本身有點年久失修，或是有任何不好的處所，也因爲在水平如鏡的江中，安全駛行，了無禍患。換而言之，在驚濤駭浪雷電風雨的時候，不要說不堅固的船也會失事沈沒遇有意料中的危險，就是沒有缺陷一艘新修的船，也要担心吊膽恐怕失事，在這一點上，全憑駕駛和把舵的人，鎮靜應付，渡過難關，也可以花險爲夷，重視光明。明白這層道理，在人面上也可以此爲決斷，來定一切禍福窮通。這一點我們先來察看人面相上、有無重大的缺陷破敗之處，應該在什麼時候發生？有無補助和解除的地方，假設重要部位上有了大的低窪之處，應生大的破敗，雖然全部格局平穩均稱，但仍免不掉遇着驚濤駭浪失愼肇禍，遂着非常的事變，第二點：如果察看人面相上沒有一些缺陷或不滿之處，就可以證明一帆風順，平穩一生，可是人生決不能完全一好到底的，終有優劣相差順逆各半的時候，應該在重要部位方面，（十三重要部位詳後）仔細研究，加以估計，自不難推斷出何年遭遇着好運？

何年發生着不幸了。第三點：要注意到當年當時的氣象，才能確切決定當時的禍福，如果部位雖壞，但氣色甚佳，等於舟船雖舊，浪濤雖猛，而天朗氣清，吉祥之陽光普照，在人的心坎中，也蘊藏着無窮的愉快決不會有傾覆舟船之事發生一般。所以臨時也會因爲氣象的昌旺將流年的壞部位轉變成佳，不但沒有破敗之處，反而一日千里，大有進步，那意思就是說破船也可以乘長風破萬里浪。反而言之，如果部位雖好，而氣色晦暗，毫不明朗，等於舟船雖在安全之江面駛行，但暴風雨之襲擊，其險危變態．是値得耽心的。明瞭此意，對於部位之重要，氣色之關係，為可瞭然於胸中，而不致束手徬徨不能判斷了。

三　以杯水為喻

我們可以用一杯水來譬喻每個人的氣量和福德。普通大家都知道一只裝水的器皿，如果是一隻水缸它可以裝一、二石，可是一隻酒杯或一隻普通茶杯，就容量不多。這就說明福祿之多寡，壽數之厚薄、全看每個人的氣量如何？是不是能容人容物？如果沒有那樣大的福量，一旦遇着富貴來臨，必定滿溢外露，不能安分守命享受榮華，或是生了疾病，或是遇着意料以外的橫禍和不幸；就像裝二兩水的杯子，你若灌注三兩以上的水、就會翻溢出來，所以古人有兩句話說：「量大福亦大，機深禍亦深」。從個人行缺，言語方面，來視察一個人的前途，和他所遭遇的事情，不難洞見一切。此種即是一種心相，但是在面貌上也不難看出來，就是兩眉寬闊的，心境就比較寬朗。狹仄的，心思偏小，容量不多。（兩眉中間謂之印堂，以寬闊爲佳，以明潤爲上，但氣量純在本人學識與修養上着力，自會轉變性情，養成浩然博大之氣，那時遇着好的幸運，便能承受得起，名成利就，福祿綿延。好像原來是一隻茶杯，只能裝二三兩水，現在是一具水桶，可以裝幾十斤了。）三停平勻的，（髮際下至印堂爲上停，兩眉鼻子準頭爲中停，鼻下人中起至地閣爲下停。）下部豐隆的，一生便能有所滿足。如果三停有一停尖削，便是象徵着那一時期遭遇不好。最重要的還是在面部的下面。能不能負載着上部的來源？能不能承當上部的餘存？像什樣裝水器？便知道如何的際遇和享受，我們細心觀察一下，雖不能完全確實，大概也可以洞澈七八了。

四　以花木為喻

一個人的運氣好壞，途程順逆，善於相人者，可以一見即知，固然是經驗和懂得相術，實在每個細心的人都不難從另一方面來證明。在春天的時候，我們看到百花盛開，千紅萬紫，每顆樹枝的旺盛和發育，每朵花兒的芬芳和馥郁，有的開得長久，有的開時不久便又萎落，除了春天的花兒外，秋天有傲霜清高的菊花，冬天有冷豔淡香的梅花，所以花的分別，有的早開，有的遲開，有的開了就謝，有的時間延長，挺然獨秀，這是人生的縮影。有一位名相家說過一句話：未有「秀而不發。」就是說秀潤的花草是容易成長蓬勃發揚的，如果一個人長得清秀、只要行到好運，自然會有發展。就怕氣色晦暗，部位不利，像一枝枯竹，像一朵萎謝的花，就毫沒有辦法了，袁子才先生有兩句詩說：「水痕侵病竹，蛛網上枯花。」這意思是說因為竹子有了不旺的氣，水痕印便浸到竹面上來。因爲花枯沒有旺氣，蛛子便在這花上結網：如果是一個人沒有旺氣，晦暗滿面，枯萎不振，等於病竹枯花一般，便有種種倒敗和小人顛弄之事發生。根據這點理由，所以我們要建立新相學，改造環境，爭取機會，打倒宿命論和相貌定數的說法。自行努力邁進，實踐天助自助的理論，養成奮發蓬勃之朝氣，以迎取幸運。自已等於一盆花。精神和修養等於潤澤的泥土和水露。時時培植，時時灌注：自然會變不祥爲吉利。蓬蓬勃勃芬芳成長，不會枯萎凋謝曇花一現了。

第三講　全部觀察法（附圖四幅）

在這一課內，附了有四幅詳細的圖：第一張是告訴十二宮的地方，第二張是十三重要部位，第三張是逐年行運的詳圖，第四張是一年中十二月所行的部位。在普通流行的相書中，也都有着這樣圖解，可是太不確實，太爲繁瑣，不獨毫無經驗的人看不明白；就是明白此道的人，也弄得頭緒紛繁、不清不楚。本來有興趣的人，看了之後，感覺到千頭萬緒，興味毫無。這本新相人學重要意義，已在序言說得很明白，對於五官及全部觀察，並非十足重要、可是研究人相學的人，也必須知道這種種問題。現在逐張詳細剖說在下面，可以對圖參攷，緊緊記牢，自會豁然貫通，興緻濃厚了。

第一張圖，就是十二宮圖。那十二宮呢？

一　命宮。
二　財帛宮。
三　昆玊宮。
四　田宅宮。
五　子嗣宮。
六　奴僕宮。
七　妻妾宮。

八　疾厄宮。

九　遷移宮。

十　官祿宮。

十一　福德宮。

十二　相貌宮。

第一宮　命宮。在兩眉中間的部位上，稱之爲印堂。看人一生順逆、宜要寬闊平滿，光輝潤澤，兩眉不要沖犯，不要仄狹，最怕眉逆、眉豎、眉逼、不要印堂有紋和陷低，如果印堂中間有一直紋，謂之懸針紋，刑尅妻子、在二十八歲行運不利。

第二宮　財帛宮。以鼻子爲主要，因爲鼻屬土星，萬物主中生，鼻乃成爲財帛之宮。鼻子的準頭，明潤，黃光，財運大利。晦暗不明，財帛滯蹇。須要豐隆有勢，如果尖塌羅不起，山根低下（山根在兩眼之中，鼻子上端。四十一歲行至此處，四十八歲，行至準頭）。其他看上停天蒼宜滿。中停兩顴要配。下停地庫要朝，能多多經驗以後，就能明白。

第三宮　昆玉宮。昆玉就是弟兄，此宮在左右兩眉，左眉爲兄，右眉爲弟，在女子則左眉爲姊，右眉爲妹，要疏朗清秀、灣長、光彩、如果眉毛短促，眉毛疏散，眉毛黃淡，眉頭豎毛，眉毛黃薄，都是不好。三十一歲至三十四歲，行運四年。

第四宮　田宅宮。在兩眼，因爲眼睛看人一生富貴，有了富貴，自然有田有宅了！眼要具有神采，黑白分明，要細長秀威，不要昏暗無神。三十五歲至四十歲，行運六年。

第五宮　子嗣宮，是在眼下龍宮位。但有兩處看法，第一龍宮位，名淚堂，不要沖破，要平滿黃明，定可子孫滿堂。如果淚堂暗陷，子嗣多傷。第二參看人中，在鼻下口上直溝處，爲五十一歲部位，要溝洫深長，倘是人中不深，平滿無氣，到老會無兒子的。

第六宮　奴僕宮。這一宮是看你有沒有許多忠心侍候你的人？你自己有沒有呼聚喝散的權力？本來在專制時代，奴隸別人，自威自私；所以有堂上一呼，階下百諾，才算有神氣，才算有威權。可是現代的情形就完全不同，其督教的訓告，說：「非以人役，乃役於人」。說自已是爲別人做事，不要去奴役人家。國父也是說：：「人生以服務爲目的」一個人要有服務的精神、必須自立自助、不要隨便差遣工友，用着許多奴僕，所以這一宮應看作：「下級幹部」。方合現代意義。此宮在地閣兩邊位了，就在叫做懸壁的地方。地閣是在口下凸出的一方，奴僕就在地閣的兩旁，看其下頦圓滿，兩腮豐隆，就可證明有下級幹部，可以忠誠擁護，聽候驅策，來完成重大任務了！

第七宮　妻妾宮。這一宮在現代也有與過去不同之點，因爲以往封建時期，以多妻妾爲榮，甚之皇帝有三宮六院，七十二妃。普通仕宦之家也有三妻四妾，現在以納妾爲違法之舉，且以夫婦情感而論，也應該純潔專一，因此，故應看作夫婦愛情是否始終能夠保持？有沒有離婚的事件會發生？雙方是否能夠美滿和好？妻子是不是賢淑健康？反過來說？看女子的相，這一宮也就可謂夫宮，因爲以往重男輕女，一切以男人爲主；現在男女平等，不應該再有什麼歧視的地方，但是按照哲理、男左女右，向有存在研討的價值，必須注意，男子的部位，從左起看，女子的部位，應該從右起看。妻妾宮在眼角邊緣上，就是普通叫做太陽心的地方。又此處叫做奸門，要光潤豐滿，不要有痣，不要有紋，不要有筋，不要有破，不要凹陷，不要黑暗，不要眉冲犯眼角。又稱魚尾，如果魚尾紋多，妻必刑剋。奸門破陷，幾度婚姻；並有生離死別之慘。奸門紋成十字，妻妾死於非命之中。並要參看山根顴骨等處。

第八宮　疾厄宮。鼻子的上一半地位謂之疾厄宮。

此處共有三個部位，就是山根，年上、壽上、仍以山根爲主（年上在山根下四十四歲行此。壽上在年上的下邊四十五歲行此）山根要豐滿，要有梁柱，肉色要鮮明，不要有斑點和紋，如年壽有青暗之色、不久會有疾病侵黯，平時如留心人面年壽部位上，氣色有一小圓圈昏暗者，此人必心事未遂，定不稱心滿意。

第九宮　遷移宮。此宮本無定位，要照面上五岳、（照相書上說：東嶽華山在左邊顴骨。西嶽泰山在右邊顴骨。南嶽衡山在額，北嶽恒山在地閣。中嶽嵩山在鼻）。來分配四方。那一嶽好，則住宅應向何方，此論好像近於陰陽風水之說了！可認爲並不重要。又看此人是不是有行動？可看驛馬部位，是在眉毛尾的上邊、察看光明則可以行動，昏滯則不可行動，並且還有不利之事，最好安靜守時。如謀求職業，希望陞遷，也要驛馬明潤，方可達到理想目的。

第十宮　官祿宮。此宮應分在兩部，鼻爲官，口爲祿，滟官必須鼻隆鼻正。祿好必須口方唇紅。其外須參看印堂，兩顴，兩耳兩頤及法令紋。

第十一宮　福德宮。此宮應在額上，如平滿無紋山林位起，則因祖宗遺留之福澤及本身的幸福所象徵而成功福德的形態。並須連帶着觀看地閣。

第十二宮　相貌宮。此宮須統看全局，先看五嶽，再看三停，如果五嶽豐滿的話，一定富貴多榮。三停俱等的話，永保平生顯達。鼻好則中年幸福。地閣好則晚年發達，一定不會錯的！

以上是談十二宮的。

第二張圖是十三重要部位。

那十三重要部位，在什麼位置呢？

第一部位　天中。天中是在額的上部，額的最高峯。

第二部位　天庭。此部位在天中下兩凸起有角的中間。

第三部位　司空。此部在天庭下的一二分處。

第四部位　中正。中正部位在司空的下邊，可以說是緊連着的。

第五部位　印堂。此部位在兩眉中間。

以上是屬於額的上五部。

第六部位　山根。在鼻子的起始處。

第七部位　年上。此部位在山根的下邊，稍凸起的位置。

第八部位　壽上。在年上下邊。全部鼻子的中間。

第九部位　準頭。在鼻頭多肉處。

以上是屬於鼻的中四部。

第十部位　人中。在鼻口的中間溝洫處。

第十一部位　水星。在口部就是一張嘴的地方。

第十二部位　承漿。在下嘴脣的下邊一二分的地方，承接水星的部位。

第十三部位　地閣。在下頦的位置，與天庭朝拱，就謂天地相朝，必然主貴的。

以上是屬於頦之下四部。

第三張是逐年行運的詳圖，必須要詳細的記着。

一歲至七歲走左耳，八歲至十四歲行右耳。一、二歲行天輪，耳上部，三四歲行天城，在耳的裏邊，五、六、七歲行天廓，左耳部的下部。八九歲右耳天輪，十、十一行人輪，右耳的裏邊、十二、十三、十四行地輪，右耳廓下部，左耳屬金星，右耳屬木星。

十五歲行天中，連接髮際正中處。

十六歲亦行天中運，但稍下。

十七、十八行日角月角，在天庭的左右，距離約七分處。（額上無髮處謂之天庭，即天中的下邊）。其位貼近兩輔角故名「角」。

十九歲行天庭，是額上無髮的地方，在人面額上峯的正中地點。

二十歲二十一歲行左右兩輔角，在日角月角的兩旁，其形像角，好像輔助着日月一樣。

二十二歲行司空，在額端天庭下面，不要有紋，要空潤光明。

二十三歲二十四歲行左右邊城，其部位在額閣髮際的旁邊，應在日角月角的後邊稍上一點，接近頭髮的地方。

二十五歲行中正，亦額之最中間，最正確的位置。

二十六歲行左邊邱陵，二十七歲行右邊塚墓，在兩眉毛斜上五分處在山林下一寸許，（山林在頭角之聳突處。骨高處謂之山，髮密的地方謂之林。）

二十八歲印堂。兩眉中間。

二十九歲三十歲行左右山林。（參看二十六歲上條。）

三十一歲至三十四歲行眉運。三十一歲淩雲部位，三十二歲紫氣部位。在左右兩眉頭的聳突的地方。三十三、三十四行繁霞、彩霞、可合兩眉來看，如左眉眉毛散亂。則三十三不利。右眉尾不聚，則三十四有破敗。可以決定的！

三十五歲至四十歲，行眼運。三十五三十六行左右兩眼太陽太陰部位。太陽在左眼靠鼻之白眼球處。太陰在右眼靠鼻之白眼球處。三十七，三十八，行中陽中陰，在左右兩眼黑睛處，三十九歲，四十歲行少陽少陰，在左右兩眼的眼角白眼球的地方，要黑白分明，光彩充足，方算得是最好的。

四十一歲行山根，在鼻子的起頭高凳處，在印堂的下面

四十二行精舍部位，就是左邊藏眼的眶子。四十三

行光殿，右邊藏眼的旁子。如看山根兩旁豐滿，四十二、三，能以事業如願。

四十四行年上，在山根下鼻子剛剛高起的地方。

四十五行壽上，在鼻子的中部。

四十六行左顴，約離鼻一寸以外隆起骨頭的地方。

四十七行右顴。

四十八歲行準頭，鼻子下部多肉的地方，兩旁是左諫臺（或名蘭台。）右廷尉，四十九五十歲兩年行此。

五十一歲行人中，在鼻子下嘴上正中凹陷的一道溝洫處。他處要豐滿，人中部位要深凹方好。

五十二三行左右仙庫，有人則稱之爲仙輔，其意思是說人中應該叫人沖，人生到五十一歲，是一大險要關口、壽命、金錢、子孫、事業、行到此處皆恐沖犯，故名「人沖」。而仙庫部位，即在人中兩旁，如豐腴則如同神仙相輔，不怕沖了，所以稱之爲仙輔。

五十四，五十五兩年，行食倉祿倉，食倉在左口角上端的微凸處。祿倉在右口角上端的微凸處。

五十六，五十七行左右兩法令，在鼻準的低凹旁邊，顯有一道紋路的地方。

五十八，五十九行左右兩虎耳，虎耳在兩耳的耳珠的旁邊，又稱作「附耳」就是在靠近耳朵珠下垂處的近面部裏邊。

六十歲行水星，在上下唇。因爲口屬水，嘴生得好，水星就算不錯。

六十一歲行承漿，在下唇的凹處

六十二歲六十三歲，行左右兩地庫，地庫係在地閣的上旁，就是在嘴同地閣的中間低凹處的正中兩邊。

六十四行陂池，六十五行鵝鴨，陂池在左頤的凹處，鵝鴨在右頤的凹處，左右相同，均在口角旁的地方。

六十六歲，六十七歲，行左右金縷，其地位在法令旁，有細紋如同金線一樣，在口角上的外邊邊。

六十八，六十九兩年，行左右兩歸來，歸來是在顴骨的下端。

七十歲行地閣，在口下承出處。

以上是一歲至七十歲行運詳細部位；在一般相書中都有着一百歲的圖說，實在是不需要的，只要我們能知道明白了七十年的確實的部位，對於人生可以說已經是洞若觀火了。因為有一句俗話，「人生七十古來稀」，一百歲的人，究竟是少數，據我個人的觀感，六十歲以上的人，其重要全在精、氣、神、方面，問他的面相的下部，是不是豐隆圓滿？就不難知道他的前途和一切，不必再專在行運部位上來考查了。

在以上行運部位上推斷，在正中行一年，兩旁就行運兩年，假設仍不清楚的話，仔細看圖對照，長久自會了然的。

第四張圖，是十二個月的月令所行部位圖。正、二、三月從右邊面上起，因爲左耳屬金、右耳屬木，右邊乃屬於樹木，在春天是要看這裏的。夏四、五、六月看額上。七、八、九月看左邊面上。十、十一、十二、看地閣口頤一帶。循序查看，自然不會錯誤的。關於詳細看法，以及氣色好壞，在另章上說明。

流年部運圖

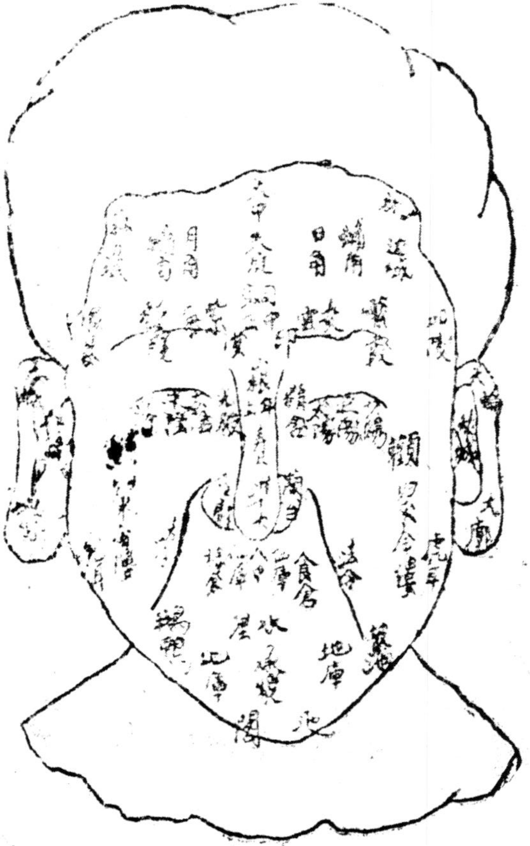

十二月行運部位圖

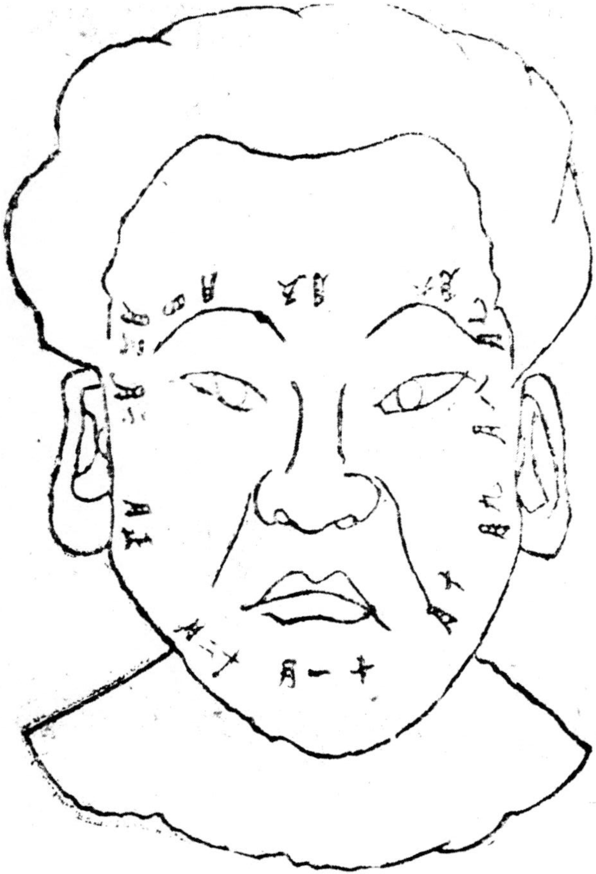

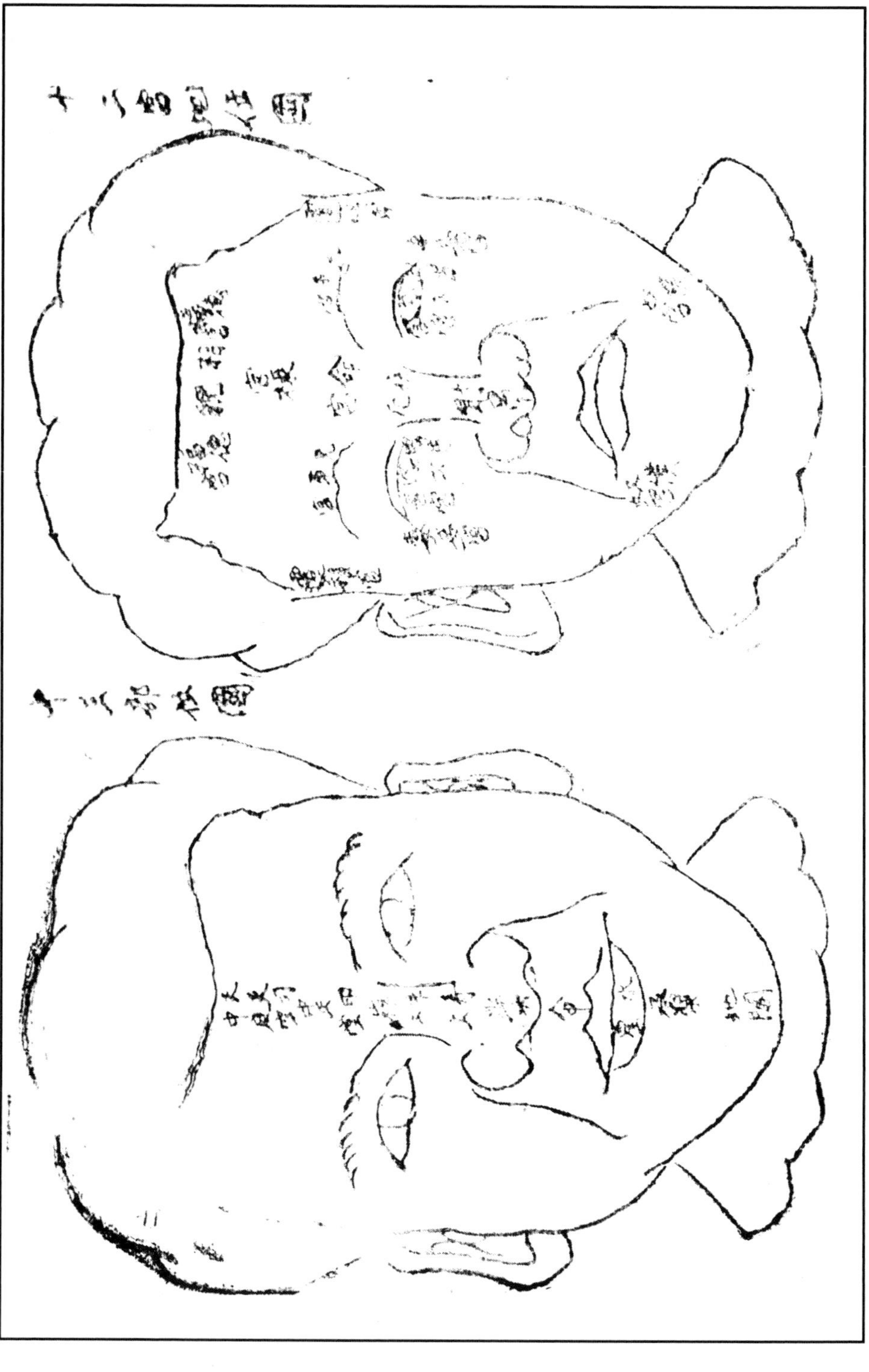

第四講　局部觀察法

對於人生的優劣，和遭遇的良好與不良好？在局部觀察上，也是很佔着重要的。現在將我個人的經驗，同相書上可以作爲參攷的地方，簡單而明晰地寫在下面。

手的看法　看相的人，先要看手，因爲從手上可以看出整個的命運來，所以西洋有手相學。外國對於手紋，研究很有進步，對於許多案件的破獲，盜匪的辨認，都靠着手紋偵察，因此手相方面，比較有根據，有一獨到」之見、我們也認爲手相很重要，不應忽畧。總括的說：手背的肉，要豐腴，不要浮筋露節、浮筋露節的人，一生辛苦，奔波操勞，如果瘦不露節浮筋，可以富貴。豐腴有肉，一生享受，可是浮筋露節，而手秀明潤的人，有「創造性」，思想往往尖銳，能克苦耐勞，勇往直前，換言之，肉厚的人，多「保守性」，名望未能淸高。次看手紋，要細深淸楚，最好能成字形，因爲掌上有紋，如樹木有理一般，木有奇紋，便爲奇材，手有了美紋，便是貴質。一個人的手，要白得如玉，或紅得如火，直得如幹，軟得如綿，再手掌中分作八卦，總要高豐圓滿、掌中總要紅潤黃明，下面是手掌圖：

手掌圖

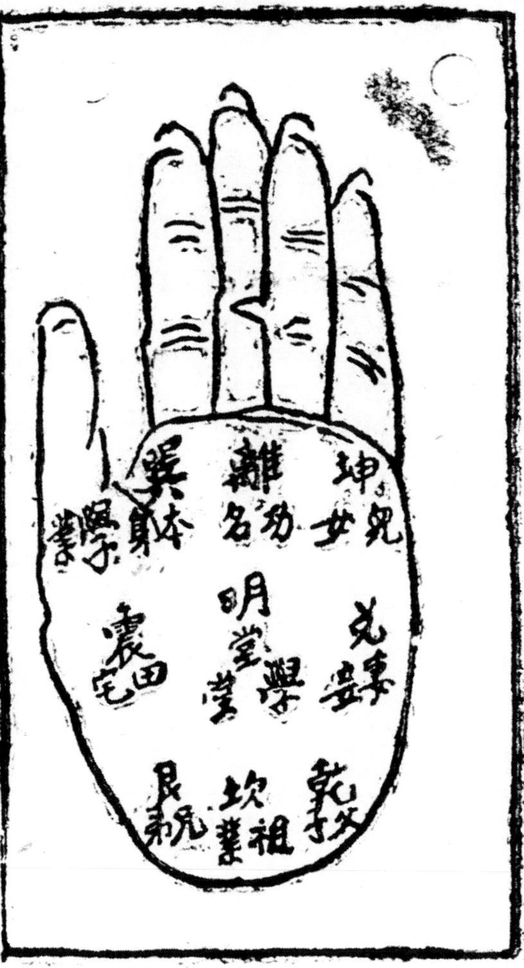

在察看手相時，（仍可從俗，男看左手，女看右手）以八卦部位來斷定一切，乾卦爲天，看兒孫的貴賤。坎爲地卦，定祖宗父母的根基。艮卦看兄弟是否和順？震卦看奴僕如何？田宅如何？巽卦看本身的盈虛有無，離卦可以看出功名的大小。坤卦看兒女有沒有？兌卦可見妻子的情感淺深。其部位可以按照上圖驗看，掌心部位，稱作明堂爲學堂宮，要紅潤才好，晦暗都是不大合宜的。

還有最值得研究的，便是大指中節、如祇有一道細紋，都是作人奴隸或者地位卑賤。二道紋中平之運。三道紋財祿雙美。看坤卦兒女有無，可將手舉起，看該處顯幾道紋，便可斷定。也很準確，但是紋路不深不完整的，不能算作美好的。

在第二指與中指的手掌近處・（巽卦地位）有肉豐

隆，則財富一定充盈，平常的人，財帛耗費甚鉅。難得積儲多錢。

耳的看法　耳不以大小爲貴賤，要能高聳過眉，輪廓分明，耳朵下邊的垂珠，要緊緊貼肉，顏色要黃明紅白；如果輪廓不整，或者削薄無肉，父母難得雙全，並且幼年的時候，身體瘦弱，先天不足。

眉的看法　眉毛要淸秀光彩，長眉要同新月一樣，有起伏照應之勢，短眉要尾昂神氣，俗語有「揚眉吐氣」之說。所以眉能離眼稍高，揚起有力，一定少年得志，生活愉快，兩眉頭最怕緊攏，如果將印堂佔據，妨礙兄弟，自身死於異鄉。

眼的看法　眼同日明、要黑白分明，神光充足，有些有威權的人，目光炯炯逼人，有文學或政治上有地位的人，雙目含神，和靄近人，雙睛凸出的，方有危險，否則祇是不利。又白眼球忽現紅絲，要防口舌是非，但好飲酒的人，或是夜間工作，或好夜間遊戲賭博的人，則無防碍，但亦不順。

鼻的看法　鼻子乃一面的樑柱，像房屋一樣，如果中間沒有一柱撐持，是會傾壞的。凡人到了中年是要以鼻為主要，如果而孔大，而鼻子小，則錢財不聚，事業難成。如果面孔肥而鼻子瘦，則奔波勞碌，生無望。鼻的準頭黃明、則經濟流通。晦暗則一切不利。

口的看法　口爲食祿言語之要處，欲寛厚紅潤，脣欲端正，齒欲排齊，口角要朝上，如下垂者貧賤。

顴的看法　顴要隆起，與鼻相合，謂之三山得配。顴骨有骨柄，須上揷天倉，就是要柄骨超過於耳，必有大的威權，平下的，則事業平平。可以用手摩驗便知，但顴高還要顧肉豐滿，鼻子高，地閣朝，才能享受主老。

行的看法　行走也是很重要的，必須精神飽滿，邁步進取，如似龍行虎步，則大好。如似鵝行鴨步，則可富。應要體不動搖，不可身輕脚重。

坐的看法　凡人坐息，必須穩重，不可搖膝不定，不可左右傾斜，俗謂：「立如松，坐如山」所以觀察一個人，有無前途？精神是否充足？看其坐久了之後，態度如何？就不難斷定其順逆優劣了。

印堂看法

印堂在兩眉的中間，是很重要的一個部位，一定要寬潤光明，如果有三個指頭一般的寬度，不獨官祿兩旺，而且心境開朗，狹小的便不能算好。中間有懸針一樣的紋，對於妻子會有刑尅不利的事，如是專用心計的人或者常常用腦而研究專門學問的人，因其時用思想而常常緊皺眉頭的原故，形成了這一道紋，這種人是很會計算和籌劃的。

山根看法

山根在鼻子最高峯，要高聳直貫印堂

，不獨大貴，而且有賢美的妻，如果低陷，中年難以發達，而且時常會生小疾病的。

準頭看法　鼻子下端，有肉隆起之處，稱作準頭，看人財富全在此處，必須顏色黃明無疵，方許財帛稱心，但左右兩孔不可太露，露則難以聚財，準肉薄弱面孔太削的人，在經濟方面時常會感覺到週轉不靈或使用匱乏的時候。

痣的看法　相書說：「面無善痣頭無惡骨。」一是說臉上痣總是不佳，可是要驗看痣的顏色，如果黑的像漆，紅的像珠，白的像玉，都是好的。如不紅不黑，亦無光彩，仍多妨害。如在頸上有一痣可以看見的地方，此人必口直好言，可是結果因爲言語不謹慎而發生禍端。如果在口上水星處有一痣，須防水災的不幸。

紋的看法

面上的紋，有吉有凶，可是好處少，而主破敗的多。如果紋裏放光，紋外紅黃或有紫氣盤繞、此乃陰隲紋現，凡事順利，毫無困難、如紋理黑氣沖出，紋外陰暗不明，必有刑災的事。懸針紋生於印堂尅妻子，魚尾（即兩眼角）長紋到老奔碌不停。短紋刑妻有損傷。有紋入嘴角，謂之騰蛇紋入口當饑餓而死，少年額上多紋，事業不能成功。

以上所說，僅是簡單扼要，全在個人仔細研究、融會貫通，其他並不重要而太繁瑣的，如頭有頭相，面有面相，人中有人中相，唇有唇相，齒有齒相，舌有舌相，還有法令、髮、鬚、頸、項、肩、背、胸、腹、乳、臍、腰、臀、腿、膝、股、肱，以及一切細微末節，都具有「光明面」和「黑暗面」的象徵。可是範圍太廣，使對相學有興趣的人，感覺到萬頭千緒，弄不明白，反而索然有味；並且「取法乎上，僅得乎中。」專在一切微末部位或細小動作中來研究，那麼將一個人看作了「機械人」，而忘記了人以「靈性」「德行」「精神」「正氣」爲根本，其結果往往會相錯了人，會將一個偉大的人物，看作了平凡的人，也有時會將一個庸庸碌碌的人，認作了富貴中人。這就是忽畧大的部位與重要之點，而注意到細微末節上去的原故了。

第五講　氣色的精義

什麼是氣？什麼是色？在談論氣色之前，必須首先明白。有人說：看相容易、辨別氣色困難。又有人說：骨格部位的判斷，最費心思，看氣色是比較的容易，究竟如何分別輕重呢？實際上各有理由，因爲「骨格」可決一世的榮枯，「氣色」爲判行年的「休咎」。要知道一生如何？必須全部或局部觀察，要曉得目前事業、以及疑難求謀不決的事、就要全靠「氣」和「色」來論定了！

氣在皮的裏面，色在皮的外面，氣有「散」有「聚」色有「實」有「虛」，並且說色有皮內的色，五層之多。如果不看入五層之內，色仍不足爲憑。如此一說，則辨別氣色非有「窮年累月」之苦功，不能有把握了。

可是我們只要肯隨處留心，多看一切人的氣色，並調查其狀況和境遇，便不難「舉一反三」得到奧祕，並且除了人之外，還有許多事物，可供我們看作參攷的，也不妨費一點時間，來研究研究，更可明白氣色的精義和預知一切了。

怎樣去觀察旁的事物呢？

在相理哲學上說，人生一小天地，以小例大，則所得自多。我們看春、夏、秋、冬四季變換，而草木的枝幹發生遲早，或不能發生的情形，都有一種氣象。而深山大谷中，蒼松古柏，潤澤自然，眞像徵着壽命悠長，飄然自得。反之，那些不易滋榮發生的草木，有着一種衰頹之氣，籠照在牠的周圍．我們一看，也就明白十分之八九了。

還有晨早和黃昏時候，太陽的光映照山色，一個是「旭日東升」。一個是「夕陽微照」。而山色映出來的氣象，也各有不同，所以能從這方面用心驗效，可以知道什麼氣象是初升旺氣，光輝逼人？什麼氣色，是黃昏的太陽，雖好不長？有力與無力，盛旺與衰弱．都不難心領神會，一望而明。

人事的變化，實在不可捉摸，往往有許多事情，會出人意料之外，往往在準備安全的條件之下，會發出大的禍患、真是同天氣一般，難以預先明白，雖然氣象台會能預知，可是也不能確有把握；「天有不測風雲，人有旦夕禍福。」天時人事，倒確有大同小異之處。可是臨時察看氣候，有無風雨？沒有知識的農人村夫，也會憑着他的經驗看得出來，在將要風雨的時候，烏雲黯淡，氣象蕭索，這便是風雨的前奏曲，雲霧已散，氣象開朗，這便是將晴的先示。日照中天，萬里無雲，這便是晴日溫和的象徵。小雨連綿，時陰時晴，這便是秋深雨季的時節。一個人也是如此，將天地縮成了一個小的影子，幸福要降臨的時候，色潤氣充，如同日照中天一樣，面上毫無晦暗之色，重要部位，都有紅黃光彩，要遭遇禍患的時候，青黑的氣象，呈顯面部，却是風雨將來的情形。禍患已去漸趨安定，則面上黑氣漸退，光采漸來，禍患將來，影響生活，則紅黃之氣漸衰，而滯頓晦暗之色，漸漸圍攏了。還有平平常常不好不壞的境遇，如同平時的天色一樣，沉靜不變。

一個人的氣色順逆，走運遲早，從百花要開要謝的時候，也可以想像而得。我們看花在開放的時候，含苞突放，嬌艷異常，而花好葉綠，分外鮮妍，那氣象和顏色，當然是旺盛和成長。到了季節已過，百花凋謝，或則垂頭傷氣，或則葉落枝枯；與開放的時候情形，竟大不相同了。一個人的運程順逆，也是一樣的意思，氣色好則一切順適。氣色衰敗則遭遇自然不利。

辨別氣色，的確並不是一件過份容易的事，並且又分作了青、黃、赤、白、黑、紅、紫等等之多。沒有經驗的人，根本看不出來，所以相書上講氣色的篇幅過長，越不清楚。總而言之，看氣看色，全在意會，不在言傳。應當「活」看，不可「死」看。

除了辨別顏色以外，必須要注意明白的有下列幾種氣色。以判斷一個人的動靜和成敗。

動色的看法　動色是比較上好的氣色，如有所圖謀或在事業上求展佈，必須面上有動色，方能「如願以償」。怎樣才是動色呢？眉目之間，神氣充沛，準頭印堂，氣色黃明。如外面微暗而內裏的氣色尚明，也很合宜去動一動。則氣色卽有全部重明之象。

守色的看法　什麼是守色？就是口、目、耳、鼻四個部位。似昏不昏，似明不明，五嶽方面，似暗不暗，似朦不朦。則叫做色流氣滯不要亂動，假設一定要動的話，順利的機會是很少的。

散色的看法　散色是有色無氣，而且顏色也不純淨。或明或暗，又好像有緊閉之趨勢，有時耳朶同鼻子，都現着昏暗的顏色。

聚色的看法

聚色是上好的表現，氣色能聚，則半年或數月以內，一定能遭遇着好的幸運，聚色就是氣充足，色內明，在色的方面，也有一種溫暖之氣，或片片如同翠綠，或微微如鮮紫，或點點如霞背，或深深如淡紅，或淺淺如嫩黃，並且從兩眼中間隱隱含藏着光輝。

變色的看法

變色的看法，就是氣色在短的時間內，常有變化之意。如原來色暗者，忽然復變爲明。則爲轉憂爲喜之象。如原來色明者，忽然鬱鬱而復變暗，是由吉轉凶之象徵，或有色而無氣，有氣而無色，或現紅黃，或變青黑，如果一二日或三四日時有變動的話，雖有十分好色，也不爲美好的。

成色的看法

什麼是成色呢？就是耳朵明潤帶紅、鼻準純黃，這兩個部位，能有如此顏色，凡有求謀的事，總是可以成功，如這兩個部位欠佳，即滿面光亮，亦無把握。

害色的看法

害色是有損無益的氣色，如年上壽上有赤色，有官刑之害。印堂有青色，有藥連之害，花雜色滿面，有出行之害，地閣黑暗，有水厄之害。日色深黃或污綠，有意外之害，最好一動不如一靜，爲害尚可防止。

利色的看法

利色就是很順利的氣色，可以說是無往而不利的，看耳朵準頭兩顴、都很明瑩，掌心氣潤，皮血光彩等等的表現。

滯色的看法

滯色就是不通順的意思，是一種下元濁氣，發生皮土不和之象，一面如濛，乾枯無色，或是耳朵和準頭，如同煙般籠照，額角無光，據相書的說法，此種滯色，要有二十年的艱苦，或者終身無運，但相隨心轉，也不可決定永久是如此不改變的。

滑色的看法

滑色就是油光浮滑，輕艷無根之色。內裏的氣，不相應合，外面的正色，並不表現，獨有滑艷之色，無根之象，的確會遇到不幸的事件。

浮色的看法　浮色與滑色，畧有不同，此色爲面白如粉，灼灼滿臉，是精神浮泛而變成，會有刑傷破敗的事降臨的。

有些人以爲氣色是隨心理環境而轉移的，心情好的時候，氣色便好，遇到不幸的事件，臉色便現出衰落和懊喪的神氣，這當然不無理由。可是事後氣色自來表現，便與本篇所說氣色的精義，便有不同之處，因爲察看氣色，目的在於預知未來，否則便不玄妙，據一些有經驗的人說，每件事體的發生，好和壞，在十八天以前從面上氣色即可看得出來，同時要注意農歷每年有二十四個節氣，每過十五天，便有一度變換，有許多辦理不順當的事件，或是好的遭遇，在節氣交換的時候，往往可以經驗得出來的。

最後我們應該有辨別正氣邪氣，正色邪色的需要，如果一個人氣長而舒和的，保證福壽。氣和而安靜的，其人慈善，氣急而短促的，夭亡命薄，氣暴而急燥的，有凶刑的禍患，氣狹而悻悻然的，沒有大的展佈，所以能明瞭氣的「淺」「深」，色的「燥」「靜」，便可以知道君子和小人了！

第六講　相人學在科學上的新發現

任何人認爲相法在科學上是沒有價值的。許多有名的相家，什麼麻衣、柳莊、鉄關刀，水鏡先生都好像神仙般的，預知人生過去未來．而不是普通一般人所能爲。這樣便認爲他們。是一個「異人」或是一個「修道者」，含有一種「神祕」的色采，决非平凡人所能效仿的了。

幸虧他們留下了許多所謂相法的「祕本」，給後代的人有一個研究學習的機會。

因爲是「虛無飄渺」的神仙的想像，而沒有人對相法加以「新的整理」，和「新的改進」；也沒有人大胆地來爭執相法的靈驗與準確，是合乎科學的；同時也不能提出有力的證據出來，以致一直到今天，相學不能隨着時代前進，而被遺棄在時代的後面，認爲是迷信的產物。

「謎」，大家對於相法是這樣的看法。

「神祕」大家對於相法是如此觀感。

「迷信」大家對於相法是這樣批評。

因爲大家認爲相法是一個「謎」，一件「神祕」的事，是不合於科學而涉及迷信的一件事，所以存儲在我們思想中間，僅是一片糢糊印象，究竟是這樣一回事？始終弄不明白。

是的，我先得承認科學是不能完全解決這個問題的；因爲相法關於人生方面問題太多，如屬於精神和思想方面，屬於先天的因素方面，屬於靈子感應方面、都是需要以哲學來解說這些現象，而不是純科學所能得到總的結論。

換一個方位說、僅以爲相法是哲學的一部份。不但會影響人類認爲迷信的遺留，而且有許多地方，却倒有着科學的根據的。

我以為不必「標新立異」，說什麼「科學相法」，「哲學相法」乾脆就是相人法：最重要的不在名詞上，而在研究牠，在科學上是不是有價值？如果完全沒有科學上的價值，也不值得人們去研究，我本人就真希望相法根本不要存在了。

用解剖來分解一個人，而所昰顯的形象，則為心、肝、脾、胃、腎、皮、毛、以及頭、脚、耳、目、口、鼻、組合起來、便成功了一個人，——加上了智慧和思想，在科學上有所謂「組織學」，又有所謂「一般的組織科學」。人的組織健全不健全，從什麼地方可以察勘出來呢？關於身體的健康不健康，完全不完全？醫生是會知道的。關於人的道德、品行、智慧、和以他的能力志願，而所得的效果、以及一切組織的反應，健全不健全的象徵？當然可以從人的動作，形象，頭、脚、耳、目、口、鼻、皮、毛等等看得出來的　因爲每個人都有不同的「造形」。除了是「機械人」以外，我相信用「組織學」來分觧一個人的事業如何？幸福如何？性格如何？能力如何？以及家庭如何？都不難得到明確的答案。可是這還不够來說明，這就是科學。

在相學上，顯然的是分成三個階段的，整個身體，分做三停，在人面上，又分作三個階段。相書上稱，這三個階段，爲上停、中停、下停。從髮際到印堂的縱横面，稱作上停。從印堂到鼻準的縱橫面、稱作中停。從人中到地閣的縱橫面，稱作下停。從十三重要部位、又演變到二百多的小的部位——這是由一種統計方面得來的。——根據這已成爲「定型」的格局，用一種數學比例的方法，來肯定一年一年的境遇順逆。最明顯的例子、就是相書上說：「上停長、近君王、中停長，中年昌。地閣長，晚運强」。因爲比例方面，彼不及此，則所遭遇的便不美好，每個人的耳、目、口、鼻、都不相同；在甲的面上可以看好，而移置到乙的面上，便又要作另一比例，另一數學來演算，方能正確了。

除了逐步比例而看出過去、現在，未來的各種事件之外，並要以十二宮的現象作一種調整的工作。我們知道一幅畫色彩的配合不調和，不能算「名作」或是「傑作」。一闋歌曲的音調不調和，不能稱作「名歌」。一間房了的裏面佈置得不調和，不能稱作「藝術設計。一個「櫥窗」的裝飾不勻稱、不能算作一個「成功的佈置」。從這一個情況，「擴而大之」，一個「人」的五官面貌，配合得不調和，當然不能算是一個完全的「相」格，其中就有若干不美滿不順意的事情。換一個方面說，面相配合調和，自然成功了一個「名人」、「英雄」、「富豪」、「作家」、「藝術家」、「創造家」、「發明家」、和其他能以事業成功服務社會等等人物了。

用什麼方法察看面貌，是不是調和呢？就非用一種數學的比例，不能完成這種任務的。這種分晰和併合的工作，如能多多研究人相，自然而然的會明白。

現在我再舉出一個簡單的例子：

譬如一個面孔很胖很闊的人而鼻子却瘦弱無肉；鼻子是一面的標柱，應該高聳肥滿，現在配合得不調和，當然是一個大的缺憾，在行到鼻子的部位，無疑的是遇到坎坷，不能成功、這就是「組織」的不健全；而從數學上比例起來，也就不能同其他好的部位。同日而「語」以外一切的比例，都可以根據這個理由，逐漸演化和擴充。

我以爲麻衣，柳莊，鐵關刀，水鏡先生，並不是什麼「神仙」，也不是遇着什麼「異人」，才明白了這種「玄妙」；而是考査歷史上許多有關相學的資料，又從多年閱人的經驗上用統計學的方法，得來的知識，然後逐一的「記錄」了下來，成功了我們所看到的那幾本相書。

這在科學上，也可以分成「歸納」、「演繹」、「辯證」三法，來說明相法之絕對不是虛無飄渺迷信之談的。

怎樣說是歸納法呢？

在我們的想像中，馳名而寫成相書的柳莊麻衣們，是一個很「平凡」的人，可是他們是好奇的人，搜集各種歷史上關於相法的資料，用心研究，每天日長無聊，坐在鄉集上吸着烟、喝着茶，東談談，西講講，而來往奔走利祿功名的人，一定是絡繹不絕的，在「豆棚瓜架」之下，就進一步研究人的面相起來，什麼人騎着高頭大馬？什麼人坐着大轎，威風凜凜？又看到那些挑着担子，爲人奴隸的人，終是那樣貧苦勞動的相貌，並且光陰迅速，今昔不同；在前煊赫一時的人，忽然潦倒窮途起來，以前沒有辦法的人，忽然叱咤風雲得着了幸運，仔細研究起來，倒頗有一種「趣味」。於是在茶餘酒後，消磨長夏的時候，將所看到的那些「人物」動態和一切表現、一一記錄下來，但是憑着什麼「根據」呢？就是用的一種「歸納」的方法，什麼樣的相貌，敦厚富足？什麼樣的相貌，貧乏終身？什麼樣的相貌，先貧後富？什麼樣的相貌，先富後貧？什麼樣的相貌，妻賢子慧？什麼樣的相貌，孤獨夭亡？漸漸的又擴充到一個人面的局部方面，又一一歸納起來，什麼樣的鼻子好？什麼樣的鼻子不好？什麼樣的眼睛好？什麼樣的眼睛不好？什麼樣的眉毛好？什麼樣的眉毛不好？就成功了所謂現在流行的那些相書。

初寫的時候，不會那樣複雜廣泛，慢慢又走到一演變」的那條路上去、「千變萬化」，由五官而十二宮，而十三重要部位，而二百多小部位，眉毛又分成若干種，眼睛又分成若干種，鼻子又分成若干種，以及皮、毛、髮、膚、行、走、坐、臥、聲、音、笑、貌、都有了「定型」的規律。一點也不「神祕」，一點也不「奇妙」，這就是相法上的歸納的結果。

「知人識相」並不是「新鮮」的事，從幾千年來都流行傳播着；帝堯的眉毛含有八種彩色、大舜的眼睛，有着重瞳的奇異，班超是燕頷虎額，所以封了萬里之侯，房元齡龍腦鳳睛，拜相入相。在史記上也有好幾處談到這問題，高祖列傳上說、呂公會相人，看到劉邦的相貌非凡——據史記載是隆準而龍顏，美鬚髯，左股有七十二個黑子、遂將其女婚於劉邦，後來生了孝惠和魯元公主。在高祖爲亭長的時候，常告假回家，有一天呂后同兩子在田裏耕耘，有一個有年紀的人走過，他要喝酒，呂后就允許給他，這個年老人便相了相呂后，說夫人是天下的貴人，又相了相兩子，見了孝惠，又說夫人所以貴者，乃因有此貴子的原故，相到魯元，也說大貴。後來老年人走了，高祖正從旁邊的人家回來，呂后告訴他看相的事情，高祖好奇，追上這有年紀的老人，問他情形，他說夫人和嬰兒皆像你，你的相貌，貴不可言。可見這是事實。史記上還另有記載着看相的事，我也不必多多引證。

我很奇怪在歷史上有着記載的相法，而墜落到爲人稱作江湖和迷信之事，一般有知識有學問的人，不肯來研究，豈不奇怪？所以我認爲麻衣柳莊等馳名相家，都是經過多少年研究而得到的結晶，不是隨便瞎說，而是由「歸納」而成功的。

可是人類千千萬萬，相貌不同、稟賦不同，相似的鼻子，不見得就能遭遇着相同的命運，複雜錯綜，難以「刻舟求劍」「膠柱鼓瑟」，於是又由「定型」而走到，「演繹」的一條道上去。

「演繹」是千變萬化而來的，「人無定相」是演繹法的證明：這是從牠本身方面而言，從牠的效果而言，就是現今的人，根據着過去的人，所得來的經驗，又從而擴充解說，詳細演繹。

現今的人演繹的準確不準確？是關於他個人學識和藝術以及觀察力判斷力的深淺問題。我們不能說相學的不靈驗，而應該說某一個人的演繹是不够正確的。

「辯證法」是關於自然社會及人類思惟的一般「發展」法則的科學。「辯證法」的「發展觀」的特徵，就是承認世界的運動性與可變性：辯證法承認世界是永遠運動的，永遠變化的，一切運動形態，都是轉變的，一切存在物互相聯繫。世界各部份之間，有極其複雜的相互作用。辯證法把任何事物或現象的發展，當作由其內的特殊性所規定的，從一種形態到他種形態的轉變去考察的。

我不是研究科學的，我也不深切瞭解科學，我祇希望相學在科學上能有新的發現，根據辯證法的意義，相學是有其發展觀，而且是永遠運動永遠變化着的，並且有極是複雜的相互作用。

從「原子」一起，到人類社會生活的最複雜的現象，到人類的「思惟」爲止；一切事物或現象，都各具有其內在的矛盾，任何事物的內部，都具有種種對立的要素，這些對立的要素，是創造事物的矛盾性的東西。

面相是人類生活中一件比較大的現象，而且是很複雜的現象，當然有其內在的矛盾，因爲內在有着矛盾，以致矛盾所產生的結果：往往使「歸納」的方法，和演繹的效果，失去了「準確性」。辯證是相法中最高一層，與陳希夷先生所發明的心相篇　有相互發明之處、他所說的最精華的四句話：「有心無相相相隨心生有相無心相隨心滅」同辯證法中的永遠運動、永遠變化，一切運動形態都是轉變的這一種大意義，正是相同理。

更進一步說，面相的複雜，不能以一部概括其他各部，但其一部與各部分之間，有極其複雜的相互作用；譬如眉與眼睛有關係，而眼與鼻、口、以及一切與一切都具有着連帶關係。總括起來，發展到由其內的特殊性所規定的，從一種形態到他種形態的轉變。

根據以上所述事物的內部的對立的要素，所創造事物的矛盾性，也就是明心理變動的形態與面相形態的轉變，是「連鎖性」的。故與本書所一再闡說新相人學的立論的原意符合。

以我個人的淺薄之見，發現相學在科學上是有着根據，並非向壁懸構。但我祇是闡明這意義，發前人之所未發，言今人之所未言，以供一般人的參攷和研究；可是我們不必一定要去「牽强附會」說相學完全是科學。

我極願意「拋磚引玉」，使那些有着科學頭腦的人，將最切合人生實際行動的人面複雜現象，能以條分縷晰的詳詳細細解說出來。

第七講　相人學在哲學上的新發現

相法列入於哲學之中，是最確當的一件事，因爲哲學在人的印象中、是「玄妙莫測」，不可究詰的。相法也有許多地方・是神祕莫測，難以究詰的。

「人」根本就是一個「謎」，大家要解決這一個謎而不能辦到，於是趨向於「哲學」、因爲哲學是形而上之的一種學問，能答復人生所不能解答的事。

「人生觀」是各個不同的，有消極的，有積極的，最顯明的，就是有「革命的人生觀」。有「腐爛的人生觀」　革命的人生觀，是充滿了緊張、活潑、奮鬥、生趣。腐爛的人生觀，是充滿了頹廢、消極、因循、荒唐。人生觀是緊隨着每一個人的思想稟賦，生活環境，與所遭遇的現象而成長，而變移。一千個人有一千個不同的人生觀，一萬個人就有着一萬個不同的人生觀、雖然原則上有大同小異的地方，但總不是絕對的相同。

「人生」永遠是一個「謎」，脫離不掉「生」「死」兩條路，在「生死」同「精神」和「心理」上的各種問題，依靠科學是枉然的一件事，而哲學呢？又是形而上的學問，在耳目所能接觸的形態中，又產生不了有力的現實的證明。一個「人生」的「謎」，永遠猜不透內幕，永遠摸不着邊際。

相法的原理，是哲學的。相法的存在，是科學的。科學解決不了的一切現象，只有以哲學的眼光來透視，來理解。

相是主張「唯心論」的，是主張「精」「氣」「神」為骨幹的。又譬喻人為一小天地，並且有一部「三世相法」。精通此道的人，必須博覽羣書，深通老佛，而以人的形體和現象，測驗他的先天造化。譬如紅顏女子，在佛教的觀感上，認為過去她們是桃花、杏花、柳絮、一類不久常的植物的化變，都具薄命的象徵。大富大貴聲名煊赫的人，先天的稟賦深厚，或得着有道之士的厚重之氣，或是什麼英雄豪傑靈氣的鍾托。

最顯著的，是面相氣色所表現的感應，有着玄祕莫測的地方，根據許多善觀氣色的朋友和稍有經驗的相士的研究，在大吉大凶或將要發生什麼喜慶、悲憂、訴訟、失財、以及事業的有無成功？圖謀的有無效果？均能非常準確的看得出來。我在第五章「氣色的精義」一章中，已說明氣色表現之意義，可是表現的原理應該屬於「唯心論」和哲學方面的。

相人學在哲學上發現些什麼呢？

第一：宇宙是玄妙莫測的，有許多「不可思議」的事，我們應該承認不可否認。並且不可思議的玄妙之處，就在我們面前，世界上無數的人類，在縱橫一尺的面貌上，而沒有一個相似雷同的，並且能從這簡單的相貌上，看出他一生的休咎和有關生活的一切。

人生觀雖然各有不同，可是爲環境所征服的人，他的思想，總是不樂觀的，就是金錢和地位滿足了個人的慾望，而其他各種煩惱，也會像一枝冷箭般，射擊到你的身上。世界永遠不會圓滿，人類也總不會感到滿足，這樣大家都邁步向前走去，從各個不同希望中，競爭生存，逐漸進化。可是宗教指示人生一個最終的「歸宿」，說人生是有罪的，免不了生、老、病、死、苦、應該想法走到「天國」或「淨土」去，免除了煩惱和愁苦。可是一般人因爲「天國」和「淨土」，沒有看見在什麼地方？也沒有什麼人到了「天國」和「淨土」之後，又從新到人間來證明一番，所以仍是一個「謎」。

談到哲學家的興味之處，就是他們一個概念，能籠照一個時代，明瞭哲學就是「人生」的權威，牠與世界人類有着密切的關係。

哲學有兩派：一派是「經驗派」，一派是「理性主義派」，名哲學家培根，康德，叔本華都是屬於理性主義派的。

理性派所表現的是「因果主義」；他的意思，是說如以火來燒手指爲比喩，則火燒是「因」，而「疼痛」是「果」、相信人生一切知識，均以理性爲出發點，並告訴理性爲最可靠的一件事。原來宇宙，山、河、大地、以及樹、木、鳥、獸、有生機和無生機的，均屬於「色相」，假使你閉着眼睛，則一切色相，即不看見，也就可以懷疑其存在。所以自然界和人生，一切宗教物理等複雜問題，都需要哲學研究。

理性派的因果主義，同佛教所談的「前因後果」與「造如是因，得如是果」。是一樣看法；最明顯的就是「種瓜得爪種豆得豆」的一例。相法的預知，也是從「因果律」上所收獲來的。爲什麽這一個人一生享受，事業成功，生活美滿？爲什麼那一個人，生來困窮、百不如意，事業總是受着挫折，奮鬥也不容易成功？我們是希望人們去努力奮鬥的，就是半由天命半由人力的話，「人力是重要的一環」。這好像是有着「前定」的理由，也就是「因果律」的證明。

經驗派的哲學，說是一切全以經驗得來的，沒有經驗，就不能生活，他說手指被火所燒，才能知道疼痛，在未被燒之前，不能說出眞況，因爲今天燒了手指疼痛，下次燒了自然疼痛，今天在路上見到的是如此情形，明天在路上見到也是如此情形，這就是習慣，也就是偶然性。

這一派的哲學，是以習慣和偶然而成立，相法也離不開經驗，今天看到一個成功人是如此面貌行動，明天看另外一個成功人，也是如此面貌行動，（相仿性）從偶然中得了習慣，所以能判斷出，吉、凶、禍、福、壽、夭、窮、通。

在哲學家看世界和人生，好像偉大的世界，似一條大浪，人生是大浪中的沙粒、澎湃的大浪，就是生命之流，生命的衝動，永無休止、除非流到最後的盡頭。

相法可以指示人生的，不在牠的能以判斷吉凶；最大的價值，是在顯示牠的「覺悟的權威」。一個人有時覺得自已很偉大、有時又覺到自己很渺小，有時思想很積極，有時思想又很消極，要解決這複雜的思潮，首先必須明瞭自己，而明瞭自己的最簡捷的方法，還是從神秘性的人面相上着手，容易使你有所「醒覺」。

現代一部份人類崇拜的科學，只能用以證實各種物質的效能，但不能肯定的說出「人」的玄奧，所以（一）天地從何而來？（二）人類從何而來？（三）人是什麼？這幾種問題科學不能有滿意的答覆，便來研究玄妙的哲學，「相佔據了哲學的重要部位，而所發現的「因果律」和「相隨心變」的一切，如果仔細研究，一定更有偉大的發明。對於人生的貢獻，相信是很大的。

我不是來專門研究哲學，並且我所引證的也太淺薄，可是我希望相法在哲學上所佔有的地位，和其本身獨特的價值，將來能以更進一層，發揚光大，給「人生之謎」來一個滿意的答覆。

第八講　婦女面相的新論斷

男子與婦女的相貌看法，顯然有着不同的區別，而行動、言語、也有完全不相同的論斷。因爲男子的性格，要近於陽剛，而女子則應該陰柔；假使一個女子言語、行動、面貌、五官、都像一個男子，而沒有一些女子的溫柔和靜雅的性格，就失之於剛激了。

要照時代方面來說，男女的地位是平等的，而婦女很早已參加到社會裏面工作，不是專門在廚房裏面了。尤其在現在男女公務員工作和待遇是一樣的，以其知識和能力、擇定一個職業，來服務社會，安定生活，並且女子已有了參政員，平章國是，代表民意，又有什麼不同之點？

女子的能力，和其貢獻社會的地方，我們不能估計低了她的價值，所以她們的面貌的相法，是隨着時代而變遷，當然要男作一種看法。

可是從根本上講婦女的性格，是男有一種典型的，男女相貌，究竟不能「渾為一談。」我們除了用新的眼光來看婦女面相外，關於論斷方面，也應該具有不同於舊的理論，而仍然要與男子有區分的地方，才能得到正確的評斷。

嫻靜幽雅，這是婦女的美德，但不一定就是一個有能力有學問的婦女。換一方面說，一個爭取地位領導婦女運動的人，或者她本身能以創造奮鬥善於社交的人，對於以往稱讚婦女的美德就不盡符合了。

現在舉幾個例子在下面：

相的方面　是最忌婦女額頭高，顴骨高的，因爲對於丈夫的刑尅；是有着不可避免的前例，我們不否認這一點。可是一個有威有權知識高超的女人，有許多是具有這兩種形相的，因爲她腦大，思想豐富，顴骨高起才有權勢威力。勇於担當一切，否則僅是一個平凡的性格、所以對這種相貌的論斷、是應當以其事業和貢獻來決定她的前途。

如果社會上真正視男女爲自由平等的話，則對於婦女婚姻問題，倒不能列爲最重要的一部。過去女子是附屬品，她的相貌，要能「旺夫相子」就是貴相，不然就是「命硬」的女人，成了一個八敗星。試想一個三從四德的女人，在嫁了以後，將丈夫尅死了，還有什麼生活趣味？在現時代裏，丈夫死了，還是可以獨立生存，還是可以另謀對象，平常就是情感不好的時候，報紙上一登離婚啓事，什麼都無妨碍，所以對刑尅的一說，不能列爲重要的一部。

其次，相書上對於婦女的淫亂與下賤，是特別注重的，好像女子有七十二賤之多。簡直一言一笑，一舉一動，都不合宜，因爲過去婦女是深藏閨閣以內，現在男女社交公開，談笑風生，也不能說是淫賤。可是眞正貴婦人，或是一個美善的淑女，在舉止方面，仍然着重在端莊溫柔，方可免去流蕩飄萍的惡劣遭遇。

婦女的相，大體同男子一樣看法，總要敦厚氣重，方能談到福澤，我們聽到「紅顏命薄」的一句話、就可知道許多美麗苗條的女子，很多流落風塵吃盡辛苦；或是遇人不淑，生活困難，或是壽命不永，難以享受。美貌的女子不一定相好，相好的婦女不一定漂亮，所以有一句俗語，說是「福在醜人邊。」也就是重在敦厚和氣度量大的關係上。

普通人也都看得出娼妓的形態來，因爲她們對於媚態，扭頭擺腰，一看就知道是一個不正當的女子。在相貌上可以從耳和額角測看、假使髮際低、額角仄，耳不好，這是幼年家境不好的明證，是一個墮落的根本原因。

最重要的，是看婦女的氣量大小，來測驗她的未來享受和禍福，因爲傳統以來，婦女的氣量總特別狹小，愛吵，愛鬧，愛佔上風，愛佔便宜，過去舊家庭中，婆媳不和，妯娌不睦，姑嫂爭強的事實，已成爲大家所公認的情形。這樣毫無氣量的婦女，結果是不會好的。氣量的寬狹，在相貌上不一定完全看得出來，要從她行動和言語方面仔細推斷。

有些人對於女人眼裏的桃花，認爲不好。桃花的釋義，就是春色，也就是說水汪汪的眼睛，因爲含有桃花的女人，（男人也是如此）性情多浮蕩，容易誘惑異性，容易濫用情感，這些理論，本來不錯，可是我們應該有分析的能力，桃花不可多，但也不可無，如果以十分來分配的話，六七分以上的桃花，就近於浪漫淫亂的一途，有二三分或三四分的人，是象徵這個女人的活潑，智慧，和近貴的特徵。有許多貴婦人和社會上有事業有地位的婦女，眼睛裏面，總含有這一種潤濕的春色的表情，毫無桃花的人，就是愚蠢，微賤，毫無前途，而且是沒有思想沒有知識的人。

在相貌上，或者沒有什麼缺憾，可是超乎相貌的一種「形容」，往往會使你明瞭她的前途，譬如孤苦無依或者孀居的人，有時在形容方面，會表白出那種情狀，中國也有一句俗話，說這個女人一臉寡婦相，什麼是寡婦相？就是面貌的尖削和內藏的愁苦，看了之後，不能使人有好的印象發生，如在五官上看，以鼻子爲主要，如果鼻子有節，準頭削尖不圓，也是很不好的一件事。

有人以爲管理家庭撫育兒女，也可以說是女子的職業，不必一定要在機關裏團體裏担任工作，才算服務。實在的，管理家政，有條不紊，倒並不是一件容易的事情，一個婦女的手不一定要圓潤多肉、因爲那只是會吃會喝會享福，一個瘦長如同乾薑的手，反能有持家的長才，管理的能力。

婦女以血爲榮身之要素，血色紅潤而不枯血貧血的，在子女方面，健康方面，都能感到滿足。

最後：我們須注意的就是很多塗香粉，擦胭脂，用唇膏，看不到眞正的氣象和血色，必須要在她未施脂粉之前、或在臨時洗一洗面，稍停再慢慢察看，方能得到準確的判斷。

第九講　新相人學之另一啓發

相法流行着的歲月已經很久，一直到時代進化科學發展的今日，還始終停頓在舊的道路上，這眞是一件無可補償的損失。

新相人學並不是「標新立異」，也不是「舊瓶裝新酒」一般的姿態，而是要轉移世人對於相法的視聽和觀感，而在相法本身，有一種新的調整，新的推進。新相人學要建立在一個毫不渺茫的一個礎石上，然後才能發揚光大。

相人並不是一件簡單的事，也不是一見面就可以完成這種工作，而上面所舉的全部觀察和局部觀察，也祇是一種方法，更須有一種有力的輔助和啓發，新相人學才能正式的建立。

人的因素，人的表示，可以幫助你的辨別和應用。

第一：這一個人的歷史方面，家庭的先天傳統和後天染習。所謂「虎父無犬子、强將手下無弱兵。」同他本人的經歷，「從小的根到老的苗。」一點是不錯的，他昨天是精明的，不會今天是糊塗。

第二：背景方面，他信仰什麼？他思想如何？崇奉的那一種宗教？因思想爲行動之母，可以作爲決定他動向因素的參考。」

第三：環境方面，他永遠的一個個性，以至一時的喜、怒、哀、樂、愛、惡、慾、就所處的社會來說：「靠山住的人愚蠢，靠水住的人智慧。」「飽暖思淫慾，飢寒起盜心。」「北方多慷慨悲歌的人。」這完全是因爲接受社會影響的原故。

第四：生活方面，他雖然有一個永遠的個性，可是生活有時會使人一時蔽掩，而形成徘徊歧途舉止不定的事情，所以整個生活情況，也應該注意到。

第五：在朋友交游方面，也很有關係，古人所謂：「物以類聚，」又說「近朱者赤，近墨者黑」。俗語說「欲觀其人，先觀其友」。管仲說「觀其交游，則賢不肖可知矣」。這是雜論和雜例。

第六：職業方面，譬如讀書人寒酸。文化人清苦，農人質直醇樸、律師口才機謀，知識份子多詐僞，商人多重利，公務員大半勞碌，這是環境意識和事業決定了各個不同的人。

第七：在生理方面，譬如少年氣盛，壯年穩健，老人頹唐，肥人性緩，瘦人性急，多血質的人易衝動，膠粘質的人善猶豫，神經質的人易受刺激，這等等都是例子。

第八：以他平時行爲，斷定以後的趨勢，大致不會有什麼出入。諸葛亮一生謹愼，就這樣欺騙了一次司馬懿，這是一次的偶然，所以司馬懿會相信，如果有一個人平時專好說謊話，偶然說句眞話，人家也不會相信，因爲平時的習慣的關係。孔子說「其爲人也孝弟，而好犯上者，鮮矣。不好犯上而好作亂者，未之有也。」孟子說「鷄鳴而起，孳孳爲善者，舜之徒也。鷄鳴而起，孳孳爲利者，蹠之徒也。」這就證明一個人的平時行爲。

第九：看他臨時行爲，因爲人的眞性的流露，往往在於一瞬之間，在急的一刹那，或者小的地方，所謂「觀人於微」。

第十：看他目前的事實，因爲事實是會勝於雄辯的。譬如人家說他太吝嗇，但他現在慷慨好義。人家說他不會說話，但他現在居然口若懸河。人家說他不爭氣，但他現在刻勤刻儉，白手興家。人家說他不討人歡喜，但他現在居然得到多數人的擁護。他既然有可信的事實，就是作爲決定他的最有力的因素。這也是相人不可拘泥不化的說明。

第十一：從他言詞方面，來衡斷他的性格好和壞因爲會講話的人，不能掩飾了假。不會講話的，也不能掩飾其眞。比方：說話伶俐者多聰敏，澁滯者多鈍笨，好發議論者多自命不凡。善於講話而不多講的人，學有涵養。從他的措詞、語彙、語勢、論證、姿態、留心去觀察。一一可以發現他的學問、思想、見解、以至個性。

第十二：從他的神態方面來看，因爲沒有絕大素養的人，不能抑制感情外露。只要我們留心察看，他心底的波紋，將一一活現在他的面上，而至動作聲音之間。鍾子期分辨出伯牙琴音的「志在高山志在流水」。即是這個道理。

上面所列舉的十二條，觀察一個人也可以知道大概。總而言之，社會上有各式各樣的人，包括來說，是智、愚、賢、不肖。但分開來說，則舉不勝舉，現在再分別的寫在下面：

陰沉的人　不輕於顯露出自已的態度，不輕於表示意見．不容易動情感，這個人必深於城府，有素養、有謀畧、能守祕密、堅忍●是屬於「大智若愚大巧若拙」的一類。

遲鈍的人　遲鈍和陰沉的外表，有時簡直分不出，譬如大家覺得可笑，而他則毫不動情。不動情的原因，因爲他感覺不及，這可以從他的神態觀察，像口呆目瞪地向着人，動作緩拙的必是此類人。

粗疏的人　陰沉的相反是粗疏，口不擇言，遇事不經考慮，遽下判斷，不注意聽人說話，率先發表意見，容易管人家的事，是輕諾衝動的一類人。

有學問的人　有學問的人，多少總有點自傲，對於世俗的認定，漫不在乎，對於當前的事情，似乎不大值得談，說話有條理，有分寸，態度雍容，不卑不亢。

膚淺的人　遇人好談學問，好發表自已意見，遇到新奇事物，則大驚小怪，不能抑制自己感情流露。其人缺乏學問、素養、即可一見而知了。

易感的人　對於你所表示給他的刺激，很快的就起着反應表示。譬如一件好笑的事情，別人正在吟味，但他已經連珠的笑起來了，這種人大概聰敏的多。

易激的人　這等人常抱有不如人之感，而富於一時的虛榮觀念，故不堪一激。鹵莽之夫頭腦簡單者亦如是。

虛僞的人　很平常不關重要的事情都要有一番做作。很無關宏旨的一句話，都要經過一番組織計劃，然後出之。說話的口風，常常跟着你的屁股，三句未畢，即訴說自已的難困，他如謙得過分，恭得無故，給你不虞之譽，常以甘言對你，有一於此，這人心裏一定沒有半分誠意。

誠實的人　說話不掩飾、行事不求人知，不問他，不說自已的光榮歷史，不矜誇自已的好處。自己的私事也不怕人去說，雖小事也必認眞，雖小信也必守。不怕你惱他，反對他，要是委曲了他，他要和你至少爭個面紅耳熱。

有肝胆的人　好打不平，好計較大是非，吃得虧，顧大體，關心受屈的，憤慨橫行的。

自私的人　專爲自已打算，一點兒亦不肯吃虧，尤其在金錢上面，這等人儘同你誓同生死，但事急起來，會反眼若不相識。

勇敢的人　勇敢的人不是平時拍胸，挺腰誇海口的人。而是無事時不誇，臨事時不懼的人。勇敢者，他平時於當前事物。很有把握而抱有堅決主張，故能有事時態度鎭定，行動勇敢。否則只是一時衝動的勇，不能持久，或者匹夫之勇，不能成就。

怯懦的人　平時遇事猶豫、畏葸、因循、沒主張、沒志氣、由人推移，或色厲而內荏，遇事時則張皇失措，這等人不可與任艱危。

具有磁性的人　性情溫婉若姣女，聲音笑貌帶有可愛魅力，和性滑稽，與俗所謂「無所謂的」。這些人可以吸引許多人和他交處。

殘忍的人　見了値得同情，而無動於中，以別人痛苦作自已取樂，這等人泯沒天性，是危險的份子。

不羈的人　不拘拘於世俗，不斤斤於得失，這人必有所持，也必有所長，得了志則爲亂世奇才，一失意則玩世不恭。

自負的人　他輕易不贊許人，對於別人已成功的事，總表示不舒服，小小的一點也不肯屈就，也不肯輕易採用別人的進言，這等人可於對話中留心別人的話與否爲斷。

初出社會的人　目空一切，滿口理想話，這人必是世故未深，挫折不多，而熱情則有餘。

老練的人　曾經失敗的人遇事謹愼。曾經成功的人，遇事周詳，曾經做過這事的人，必能指這事的要點，有經驗的必多發問話，有辦法的，他也問你的辦法。

有所圖的人　第一說你好，第二說自已、第三探詢。這是當然的一套。當你和他談某事，而他漫不經意，但於某事則特別留神起勁，則可知其旨的。

無用的人　有些平時說得天花亂墜，但一遇實際，則束手無策，這可於他的話中是否具有經驗成分而定，同時看他是否對外行者搖幌子。再者，和他多見幾次，多談幾次，多一點發問，他便像黔驢技窮了。

有前途的人　一面努力於現在，而一面又不滿現在，能人之所不能，爲人所不敢爲，常常在感情上，言動上，克制自已，留心他人，效法他人，勇於認錯，能屈能伸，這是未可限量的人。

安分的人　過其印板式的生活，對事不競不爭，循規蹈矩，這等人不會特出，也不怕他作反。

自大的人　好爲大言，而沒有辦法，志大而不求立功，瞧人不起，而自己不爲人信仰，空談而不務實際，好拉過去歷史，而不創造光榮。不耐煩研究，厭聽別人的話，自以爲是。愛便宜，多牢騷。這等人命運已註定他是沒落。

沒落的人　自滿於現狀，有機會而不求進，貪逸樂、尋享受、問舍求田，志在小利、此人前途、一無可取。

易變的人　急切近利、貪新好奇、沒宗見、沒計劃、沒眼光，這等人一日可以三變，誤自己出路狂的人，就是這樣。

靠不住的人　靠不住的人、大致可舉出十種：一、總是說你對。二、好背後說人閒話。（尤其對向所交好的人）。三、居功。四、喈好多。五、恃過去歷史。六、恃有大力背景。七、好誇已長。八、請求他所不能所不宜做的事。九、不近人情、十、好作大言。

用不得的人　用不得的人也可舉出十種：一、有所挾、有所恃、有所置而來。二、個性太強。三、不能守祕密。四、行動詭祕。五、態度曖昧。六、稟性僻怪。七、頭腦昏沉。八、視財如命。九、視裝飾爲必要生活。十、心意不專。

暴虐與歡愉

護竹居主
古珍藏